# 運は操れる

望みどおりの人生を実現する最強の法則

メンタリスト
DaiGo



マキノ出版

ただし、私が勝てるのは、「最初はグー」で始まるジャンケンです。普通のジャンケンでの勝率は、あなたとさほど変わらないと思います。

なぜ、「最初はグー」なら勝てるのでしょうか。理由を考えてみてください。

運がいいから……ではありません。

種明かしをしましょう。

「最初はグー」のジャンケンでは、まず手をグーの形に固めます。そして、「ジャンケン」の掛け声で手が上がります。そのとき、相手の指先が動いていれば、こちらはチョキを出し、動かなければパーを出すのです。

指先が動けば、相手の出す手はパーか、チョキ。こちらもチョキを出しておけば負けません。指先が動かなければグーですから、パーを出せば勝てます。

私は動体視力を鍛えて、相手の出す手を予測しているのです。

**これが、ジャンケンに負けない理由です。**

「最初はグー」で上がった手の指先の動きを見る訓練を重ねれば、誰でも勝てるようになります。

動体視力を鍛えた後は、誰かとジャンケンをするときに「最初はグー」と掛け声をかけるだけで、あなたは相手との勝負を有利な状況に持ち込むことができるわけです。


理由を知れば、「なるほどね」という感じでしょう。

しかし、**ジャンケンの勝敗は運だと思っている人と、勝率を確実にアップさせる方法を知っている人との間では、得られる成果に大きな差が生じます。**

とはいえ、「今日から動体視力を鍛えます！」という人は、少数派でしょう。なぜなら、あなたの運命を左右するような場面でジャンケン勝負が行われることは、ほとんどないからです。

では、いま紹介したジャンケン必勝法のように、運を操る方法があるとしたら、どうでしょう？

あなたは、運／不運を自分の力ではどうにもならないものととらえ、こんなふうに考えているかもしれません。

・いざというときにミスをする自分は運が悪い
・上司からの評価が高い同僚は、自分より運がいいだけだ
・宝くじは買わないと当たらないと言うけれど、どうせ買っても当たらない
・ギャンブルで勝つ人、負ける人の差は運の違いだ
・良縁に巡り合わないのは運が悪いから

断言しましょう。**運は、操ることができます。**

もし、あなたがスピリチュアル的な開運方法を知りたいと願っているのなら、この本には正反対のことばかりが書かれているので、刺激が強すぎるかもしれません。

## 幸運の波に乗っているはずが一転して気づいたこと

私が運について深く考え、その仕組みを調べるようになったのは、個人的な経験が関係しています。

人の心を読み、操る「メンタリズム」を駆使するメンタリストとして、メディアに

登場するようになった頃、私は周囲から「運がいいね」と言われるようになりました。たしかに、無名の大学生がテレビに出演できたのは、幸運なことだったと言えるでしょう。

実際、毎日のようにテレビやイベントへ出演する日々が始まりました。いわゆる、ブレイクした状態がやってきたのです。

食事の時間も取れないような過密スケジュールの中で、失敗が許されないパフォーマンスを披露しなければなりません。毎日がプレッシャーとの戦いでした。

疲弊した私はメンタルがボロボロになり、こんなふうに考えるようになりました。

「いまの自分は本当の自分じゃない。芸能界は自分がいるべき場所じゃない。自分にはもっと隠れた才能があるはずだ。ここではないどこかへ行けば、もっと成功するはずだ！」

メンタリストとしてブレイクするという幸運は、私を現実から逃避させ、苦しさの原因が周りの人と環境のせいだと考える、情けない状態へ追い込んでいきました。

私は仕事の打ち合わせをすっぽかし、自分に得がありそうな人間としかつき合わず、二度の引退騒動を起こすなどして、信頼を失っていきました。ブレイクから数年後、月の収入が3万円まで落ち込んだのです。

幸運の波に乗っているはずが、気づけばどん底でした。運任せに行動していたつもりはありませんが、結果的には運に振り回されていたのです。

## 運を成功と失敗の理由にすると人は成長しなくなる

いま思えば、私が運に振り回されることになった原因は、**「幸運を生かす準備ができていなかったこと」**と**「不運を遠ざける手法を知らなかったこと」**にあります。

どん底状態にあった私は、「運に人生を左右され、振り回されて生きていくのは納得がいかない」と心から思いました。運命は自分の手で切り開きたい。がんばったぶんはしっかりと報われたい。そう考えたのです。

そこから心理学や脳科学、運に関する研究書などを頼りに、運は操ることのできるものかどうかを研究していきました。

結論から言えば、運は操ることができ、その力はトレーニングによって誰もが伸ばしていくことができます。動体視力を鍛えれば、ジャンケンに負けなくなるように、です。

スピリチュアル的な言い方をするなら、**あなたの手で幸運を引き寄せられるようになるのです。**

多くの人は、原因のよくわからない出来事に対して「運」という言葉を使います。それは「運」という言葉が、よくわからない気持ち悪さを払拭してくれるからです。しかし、「運」を理由にした途端、人は考えること、行動することをやめてしまいます。

たとえば、自分と変わらない働きぶりなのに、上司からの評価が高い同僚を見て、「対人運に恵まれているからだ」と思ったとしましょう。

運を理由に自分を納得させた後も、同僚はコミュニケーション能力を磨き、年上に気に入られやすい話術を身につけ、ますます評価を高めていくかもしれません。

つまり、上司からの高い評価には理由や原因があり、そこに着目すれば、真似ることが、学ぶことが可能なのです。

ところが、運の良し悪しの差だととらえた途端、そこで、理由や原因には目が行かず、評価の差は開いたまま放置されてしまいます。

あるいは、じゅうぶんな準備をしたのに思うような結果が出なかったとき、「今回は運がなかった。仕方がない」と慰められることがあります。

たしかに、運のせいにすると気が楽になります。しかし、本当に準備はじゅうぶんだったのでしょうか。思うような結果が出なかったのは、見込みが甘く、シミュレーションが不足していたのかもしれません。

失敗にも必ず理由や原因があります。そこに目を向ければ、改善策を練ることができ、同じ失敗を避け、次回の成功率を高めることができるはずです。

しかし、**うまくいったとき、うまくいかなかったとき、どちらも「運」を答えにすると、そこで成長が止まってしまいます。**

## 3つのステップで「運を操る力」をあなたの手に

本書では、私の実体験も踏まえつつ、運を科学的に操る力を紹介していきます。

第1章では、運にまつわる一般的な誤解について掘り下げ、あなたの運に関する思い込みを解いていきます。

その後、第2章から第5章では、「運を操る力」を鍛え、伸ばしていく次の3つのステップについて解説します。

**①不安に強くなる**
**②試行回数を増やす**
**③気づく力を鍛える**

「不安に強くなる」は音もなく近寄ってくる不運を避けるための方法を、「試行回数を増やす」は運を操るために欠かせないチャレンジの回数を増やすための仕組みづくりについて紹介します。

そして、「気づく力を鍛える」では身の回りに転がっているチャンスを見出せる人、見逃してしまう人の違いについてお伝えします。
締めくくりとなる第6章では、仕事運、対人運、金運、恋愛運など、「運」と聞いたときに思い浮かぶシチュエーションについて、Q＆A形式でそれぞれの運の操り方を掘り下げていきます。

・仕事でも恋愛でも、いざというときにこそ強くなる
・不安を感じることが減って、余裕ある毎日を過ごせるようになる
・運のいい人がなぜ、運がいいのかを見抜けるようになる
・いまよりも豊かな暮らしを実感できるようになる
・チャンスに気づき、運が味方になる状況を作り出せる

運を操る力を伸ばすことで、あなたはそんな変化を実感することになるでしょう。

**Happiness depends upon ourselves. - Aristotle**

「幸福は自分次第」と言ったのは、古代ギリシアの哲学者・アリストテレスです。
運を操ることができるようになると、誰もが運に振り回されず、運命を自分の手で切り開き、人生を決められるようになるのです。

2018年3月

メンタリスト DaiGo

運は操れる　目次



# Chapter 1 運にまつわる5つの知られざる真実

# Chapter 2 運を操る3つの科学的な方法

## Chapter 3 不安に強くなる5つのテクニック

# Chapter 4 試行回数を増やす7つのテクニック

# Chapter 5 気づく力を鍛える5つのテクニック

# Chapter 6 運の操り方 実践編

ブックデザイン　タイプフェイス（ＡＤ渡邊民人　Ｄ小林麻美、谷関笑子）
撮影　ＨＡＲＵＫＩ
スタイリング　松野宗和
ヘアメイク　永瀬多壱（Vanites）
イラスト　宮野耕治
リサーチ　Yu Suzuki（パレオな男 http://yuchrszk.blogspot.jp/）
構成　佐口賢作
編集　河村伸治（マキノ出版）

Chapter 1

# 運にまつわる5つの知られざる真実

# 運に味方される人と見放される人の違い

「はじめに」では、「運を操る力」の仕組みについて簡単に解説しました。もしかすると、あなたがこれまで持っていた運のとらえ方とは、少し違っていたかもしれません。

その少しの違いが、実は重要な意味を持っています。

運を操る力は誰もが備えた能力です。ところが、現実には「運に味方される人」と「運が通り過ぎていく人」がいます。その差は、本人が運を操る力を発揮しているかどうかにあります。

簡単に言うと、「運は向こうからやってくるもの」ととらえていると、いつまでも運を操る力は発揮されません。

「運はこちらの行動次第で変えられる」ととらえている人は、運を操る力を次第に発揮していくことができます。

つまり、**運を操る力を鍛えていくには、あなたの持っている運のとらえ方を変える必要があるわけです。**

そこで、本章では「運にまつわる5つの知られざる真実」として、あなたが運を操る力を発揮することを制限している誤解を解きほぐしていきたいと思います。

その誤解とは、次の5つです。

## *1*「波に乗っている、ツキが来ている」

スポーツ中継などで使われる「波に乗っている」、ギャンブラーが口にする「ツキが来ている」。運/不運には周期があり、人間は運気の波に翻弄されているという考え方は、かなり一般的です。

でも、目に見えない運気の波は、実際にあなたの運/不運に影響を与えているのでしょうか?

## *2*「宝くじに当たれば幸せになれる」

幸せの1つの形として、多くの人が夢見る一攫千金《いっかくせんきん》。お金があれば、たいていの不幸は遠のいていくと言われると、一定の説得力を感じます。

その代表例である宝くじの当選者は、その幸運の瞬間からずっと幸せが続いていくのでしょうか？

## 3「スピリチュアルを信じると幸運が訪れる」

占い、風水、西洋占星術、神頼み、引き寄せの法則など、運気を上げるとされるスピリチュアルな方法はさまざまあります。

占い師のアドバイスを信じ、ゲンを担ぎ、ときにはお祈りすることで、本当に幸運は舞い込むのでしょうか？

## 4「運／不運は生まれた環境でほぼ決まる」

人は幸運の星の下に生まれつくか、不幸な星の下に生まれつくかによって、その後の人生が大きく左右される。そんなふうに考える人は少なくありません。

自分が不幸なのは遺伝のせいで、自力ではどうにもならないと思い込む人もいます。あなたはどう考えますか。

運／不運を分けるのは、生まれた環境なのでしょうか？

## 5「運は自分でコントロールできない」

運気には波があり、特別にラッキーな人だけに宝くじが当たるような幸運が舞い込んでくる。幸運と不運の周期はスピリチュアルなもので、自分の力では変えることができない――。

原因のよくわからない出来事に対して「運」という言葉を使う人たちは、そんなふうに考えます。しかし、自らを「運がいい」と言う人たちは、別のとらえ方をしているようです。

運は自分でコントロールできないのでしょうか?

真実 *1*

# 波に乗っている、ツキが来ているのは気のせい

朝、目覚まし時計が鳴る前にスカッと目覚め、職場までの道のりも予定どおりに進み、出していた企画案にゴーサインが出て、昼休みにスマホを見ると、気になっている相手から食事の誘いが……。

そんなふうに**何もかも快調に進むとき、人は「運がいい」「ノッている」と表現します。**

あるいは、スポーツ中継などを見ていると、試合展開を優位に進めているチームに対して、解説者が「波に乗っている」「ペースを握っている間に得点が欲しいですね」などとコメントします。

自分の予想以上の結果が出ているとき、狙いどおりの成果が得られているとき、あなたも「運がいいな」と考えることが多いかもしれません。

運／不運には周期があり、人間は運気の流れに翻弄されているという考え方は、一

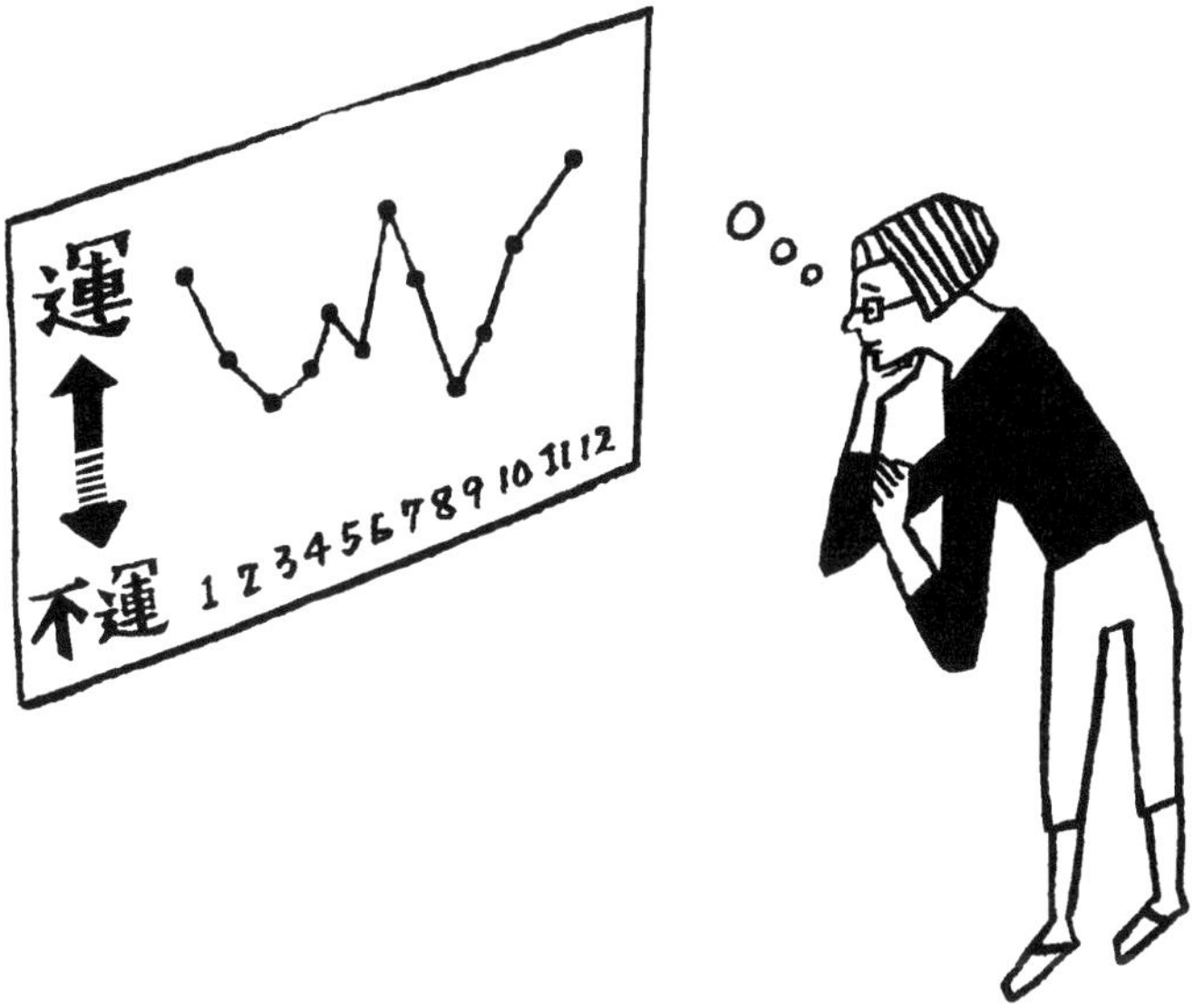


般的になっています。

しかし、**統計学は明確に、運／不運の周期や運気の流れを否定しています。**

２０１４年、ロンドン大学の研究者たちがギャンブラーの「ホットハンド現象」について、調査を行いました[(1)]。

ホットハンド現象とは、連勝を始めたギャンブラーほど連勝が続くという現象のこと。彼らは自分の状態を「いま、俺に波が来ている」と感じ、周囲の人たちも連勝するギャンブラーには「ツキが来ている」と考えます。

これはギャンブルに限った常識ではなく、株式投資の世界でも儲《もう》かっている人を「当たり屋」、儲からない人を「曲がり屋」と呼び、運／不運の周期はあると考えられています。

そこで、研究者たちはオンラインカジノでプレーするギャンブラーたちを観察しました。

すると、次の3つの事実が見えてきたのです。

・多くのギャンブラーは2回続けて勝った時点、つまり、波が来たと思った時点で、「次は負けるのではないか」と不安になる。
・その不安のせいで、連勝したギャンブラーはそれ以降、負けにくい安全な賭け方をし始める。結果的に、大きな負けを被る可能性が低くなり、勝ちが続いているように見えやすい。
・一方、負けたギャンブラーには「負けたぶんを次で取り戻そう」という心理が働き、焦りとともにリスクの高い賭けをし始める。その結果、どんどん負けが込んでいき、ツキがないように見えてしまう。

つまり、ギャンブルの勝ち負けは、運／不運の周期や運気の流れのせいではなく、

**目の前にある結果に対して、本人がどう判断し、行動したかによって決まっていくのです。**

## 連勝を始めたギャンブラーほど勝ちが続く理由

「次は絶対に来るんじゃないか」「親がしくじるんじゃないか」とムチャな勝負に出るのか。

あるいは現実的に考え、1回大きく勝った後に賭けをやめる決断をするのか、堅実に賭けていくという長期戦を選択できるのか。

勝ち負けは、運に支配されているのではありません。

オンラインカジノでは、勝負に勝つ人、負ける人の割合は一定の確率になるよう調整されています。

そこで、金銭的に勝てる人がいるのは、運ではなく、効率的な賭け方を学び、実践しているからです。

運は何も支配しておらず、確率もチャンスも平等に与えられています。**違いを生むのは、本人の積み重ねてきた努力と、勝負どころを見分ける経験です。**

冒頭で書いた「朝、目覚まし時計が鳴る前にスカッと目覚め、職場までの道のりも予定どおりに進み、出していた企画案にゴーサインが出て、昼休みにスマホを見ると、気になっている相手から食事の誘いが……」というノッている状態も、1つ1つの要素を分解していくと、ツキが来ているわけではないことがわかります。

スカッと目覚めたのは、前の日に早く床につくなど、睡眠を改善する手を打ったからです。

職場までスムーズにたどり着いたのは、早起きによる時間的余裕が大きく、企画案へのゴーサインは、まさに本人の努力の賜物です。

そして、気になる異性からのアプローチも、事前の働きかけがあってこそのこと。

**いわゆる運のいい状態にある人は、他の人よりたくさんのことを何度も試している人だということです。**

試す回数が多いからこそ、成功することも多くなっていきます。

あなたも「ツイている」と感じたときのことを、よく思い出してみてください。ツイていると感じている期間の前に、何らかの幸運の種まきをしていたことに気づくはずです。

人生の選択は、ギャンブルでの一勝負とは異なり、二択ではありません。何かを選び、決断するまでに多くのステップがあります。

その1つ1つを小さな実験だととらえ、有望ではないルートは捨て、細かく軌道修正していくことが幸運への確実なステップです。

そこで、運／不運の周期や運気という錯覚に責任を預け、自分の考えで軌道修正していく作業を手放してしまうと、当然、幸せは遠ざかっていきます。

真実 2

# 「宝くじに当たれば幸せになれる」はウソ

できればラクをして、大金が舞い込んでくるようなラッキーが欲しい。そういった転がり込んでくる幸運の代表例が、宝くじです。

サラリーマンの生涯収入が2億円台の時代、コマーシャルで流れる「年末ジャンボ、7億円！」のメッセージは耳に残ります。

先ほど、「運/不運の周期や運気は関係なく、試す回数が多いからこそ、成功することも多くなる」と書きました。そう考えると、買わなければ宝くじは当たりませんから、買うという行動を起こすのはムダではないと言えるかもしれません。

しかし、**宝くじに当たったから幸せになれるか、と聞かれれば、私の答えはノーです。** 高額当選という瞬間的な幸運は、長期的に見ると不幸な結果を招くことが過去の研究から明らかになっています。

アメリカでは宝くじに当たったことを自らメディアに明かす人が多いので、高額当選者のその後の人生を追った研究がいくつも存在します。

当選した瞬間はまさに運のよかった人たちは、当選金を手にして大きな幸福感に酔いしれます。

ところが、**当選から2～3年、長くても5年後には、以前よりも不幸になってしまうのです。**

たとえば、ジャック・ウィテカーという高額当選者のエピソードがあります。彼はショップで購入した1ドルの宝くじで、1億1300万ドルを手に入れました。まさに、宝くじで億万長者になったのです。

ただし、彼は当選した時点で、すでに建設会社の経営者として成功しており、純資産数百万ドルを保有していました。一般的なモノサシで測れば、じゅうぶんに幸せな人生を送っていたところに、さらなる幸運が転がり込んだわけです。

ウィテカーは当選直後、メディアに対して当選金の一部を寄付し、低所得者層を支援する非営利団体を立ち上げると話しましたが、計画は実行されることなく、激しい浪費生活が始まります。

1年後、彼は当選金のうち4500万ドルをギャンブルと無謀な投資に使い、その後も自分と家族のためと言いながら車や家、別荘を多数購入。5年後、彼は破産し、暴行と飲酒運転の罪に問われることになりました。

堅実な経営と蓄財によって会社を切り盛りし、経営者として成功。一般のサラリーマンに比べれば、大きなお金を扱うことにも慣れていた人物がなぜ、ここまで自分を見失ってしまったのでしょうか。

## 7億円の当選が不幸の始まりとなることも

アメリカの研究者は、ウィテカーをはじめ高額当選者の多くが、大金に圧倒され、快楽を優先して思うがままに行動する意思決定の「衝動システム」に押し流されると分析しています。

宝くじの当選という大きな幸運を手にした運のよかった人たちの大半は、経営者や富豪ではなく、一般の人たちです。サラリーマンの生涯収入が2億円台の日本で、7億円が当たったとなると、そこが経済的なピークとなります。

もし仕事にさほど面白みを感じていなければ、億万長者となってまで仕事を続ける人は少数派でしょう。ここで社会とのつながりが途切れます。


それでも大金があれば問題がないように思えますが、ここに大きな罠《わな》があります。

たとえば、**相応の努力をして年収1000万円を稼ぐようになった人は、1000万円の使い方やお金の節約の仕方を身につけています。**

ところが、転がり込んできた幸運で大金をつかんだ人は、必要以上の豪邸や高級車を購入したり、怪しい投資話を持ってきたブローカーにお金を渡してしまったりと、衝動システムに押し流され、浪費を繰り返すようになります。

これは、**自分で稼いだ経験のない子供に100万円を与えたら、好ましくないこと**

**が起こるのと同じです。**

しかも、消費感覚というのは最もお金があったときに決まります。宝くじ長者が数年後に借金を抱えるケースが目立つのは、消費感覚を下げるのが難しいからです。

さて、宝くじに当たった人は幸運で、幸せになれると言えるでしょうか？

**転がり込んできた幸運を生かせるかどうかは、その人が運を味方にする準備ができているかどうかにかかっています。**

7億円が当選したとして、準備ができている人は舞い上がった浪費をせず、年利4～5％での運用が可能で比較的リスクの低い投資を行うでしょう。お金がお金を生み出すサイクルを作り、真剣に打ち込める仕事を探します。

当初は、その仕事から得られる収入が少なくとも、金銭的な余裕は新たな生活を支える時間も生み出します。そんなふうに人生を変えていければ、宝くじの当選という幸運は幸せの始まりとなるのです。

宝くじの当選で転がり込んできた大金は、あくまでも偶発的な幸運に過ぎません。

自分で稼いだ人はその後も稼げますが、宝くじで当たった人がもう一度、7億円を手にする確率は限りなく低いでしょう。再現性のない運に頼るのは、地図もないままストレスを抱えて目的地に向かうようなものです。

心理学の研究で、人間の幸福度は裁量権と深く関係することがわかっています。自分の人生をどのくらい自分でコントロールできていると実感しているか。その度合いが高い人ほど、幸福だと感じるのです。

**運を迎え入れる準備をしないまま、運に頼ろうとする人は、自分ではコントロールできないものに身を預けた状態で、いつも不安を抱えることになります。**

頼る対象が宝くじであれば、当たるか当たらないか、常に一喜一憂し、とらわれ続けるわけです。

魚を与えてもらった人よりも、釣り方を学んだ人が幸せに近づくのは、「魚を与えるのではなく、魚の釣り方を教えよ」という格言のとおり。

転がり込む運を待つよりも、運を操る方法を学ぶほうが幸せに近づくのです。

真実
3

# スピリチュアルで運は開けない

幸運のブレスレットのような開運グッズ、縁結びから金運アップまでの各種パワースポット巡り、はたまた明らかに怪しげな自己啓発セミナーなど。

人はなぜか、運をよくしようと思うと、根拠のないスピリチュアルな手法に頼りがちです。

ここはあえてバッサリと切らせてもらいます。**スピリチュアルで運が開けることも、幸運が舞い込むこともありません。**

「運を操る力」は、自分で運をつかむための方法論です。

いまもまだ、誰かが私に運をもたらしてくれるかも……と願っている人は、一度、深呼吸して考えてみましょう。

あなたは、水晶でできた幸運のブレスレットをしているファンドマネージャーが勧

める金融商品を買いたいですか？

あなたは、お参りしただけで良縁に恵まれると評判のパワースポットにできる行列を見て、どう思いますか？　これだけの人が並んでいるのだから、必ずご利益があるはずと考えるでしょうか。

あなたは、部屋の東の方位を整えるだけで仕事運がアップするといった開運法について、どう思いますか？

通常であれば、多くの人は怪しげなアドバイスを聞き流すことができます。ところが、**人は判断に迷う状況に身を置くと、考え続けることが億劫《おっくう》になり、差し出された答えに賛同しやすくなってしまうのです。**

これは心理学で「混乱法」と呼ばれる心の動きで、自分に知識が不足している場合ほど、専門家からの意見に流されやすくなっていきます。

仕事、恋愛、人間関係など、人生に大きく関わってくる問題について深く悩んでいるとき、フラフラと怪しげな占いや宗教的なカウンセリングに巡り合ったとしましょう。

すると、いつもの自分なら絶対に買わないであろう、素人《しろうと》が焼いたような壺など、怪しい開運グッズにも手を出してしまうのです。

**これは自らの悩みによって混乱法にかかり、思考停止状態になっているからです。**

私はスピリチュアル的な開運は完全に否定していますが、それに巻き込まれる人の心理はよくわかります。

だからこそ、一旦立ち止まって、あなたがいま頼ろうとしているものに「本当に意味があるのか」「根拠があるのか」を考えるようにしてください。

## 「自分は不運」と思う人ほど開運グッズに頼る

ところが、**運に関する研究によると、自分のことを「不運だ」と思っている人ほど、**

**根拠のないもの、スピリチュアル的なものに頼る傾向があります。**

どうして、そうなってしまうのでしょうか。これは「混乱法」の視点で見てみると、よくわかります。

自分のことを「不運だ」と思っている人は、人生がうまくいっていないと感じています。

じゅうぶんに努力しているはずなのに、好転しない。自分の身の上に起こる偶然の出来事がいつも結果として、悪い方向に向かうように思える。

こうしたマイナス思考が続くうち、努力の仕方を間違えてしまうのです。

たとえば、大好きなアーティストが数年ぶりに来日し、1日だけの日本公演を行うとしましょう。

貴重なライブの機会を逃すまいとファンが殺到し、抽選でしか手に入らないチケットは争奪戦となること確実です。

自分を不運だと思っている人は、公演のチケットに応募した後、日頃から運のない自分に不安を感じて、「お願いします。当たりますように」と神社に行って神頼みをしたり、開運グッズに頼ったりします。

でも、**それで当選確率は上がるでしょうか。**何も変わりません。

一方、チケットが当選する運のいい人は、こんな行動をしているはずです。

彼らは自分でチケットに応募した後、家族や友人、知人、職場の人たちにまで連絡します。

単純な話ですが、申し込みをする人数が2人になれば確率は倍に、3人になれば3倍になるわけです。厚かましいお願いかもしれませんが、またとないビッグチャンスだと説明すれば、快く協力してくれるはずです。

結果、運のいい人は、10人、20人、30人の枠でチケットに応募し、当たる確率を上げていきます。

**根拠のないものに頼って「これで当たるはず」と安心するのか。**

**当たる確率を上げるために、いまできる努力をするのか。**

どちらが運のいい結果を手にするかは明らかです。

運を操る力を持つ人は、間違いなく自ら工夫し、努力しています。

このチケットの例で言えば、周囲の人たちを巻き込み、「自分はこのアーティストが何にも代えがたいほど好きだ！」と公言することで人脈が広がっていきます。

つまり、工夫と努力の先で、チケットを優先的に回してもらえるようなコネクションにたどり着く可能性もあるのです。

これが、運を操る力のある人です。

真実4

# 運／不運は生まれた環境とほぼ関係ない

私は、**運が悪い人＝成果をつかめない人**と定義しています。

先ほどのチケットの例のように、成果をつかめない人は具体的な行動を起こしません。自分だけ申し込みをして、「当たりますように」と祈って待つ。あるいは、申し込むだけで、あとは何もせずに抽選日を迎えます。

成果をつかめる人は、打てるべき手を打ったうえで「当たりますように」と願って結果を待ちます。

そんなふうに人前で運／不運について語ると、こう質問されることがあります。

「人間は、いつどこで、どんな環境の下に生まれてくるのか、自分で選択することはできませんよね？」と。

この質問からは、**生まれたときからある程度、人生の運／不運は決まっているはずだという考えが見え隠れします。**

代々続くお金持ちの家に生まれれば、金銭的な苦労はなく、幸運。

貧しいシングルマザーの家の子は、世間一般の考える「普通」を手に入れるにも努力が必要だから、不運。

恵まれた環境か、不遇の環境か。どちらで育つかで、その人の運／不運の大半は決まっているのではないか——。

しかし、**決してそうでないことは、これまでの歴史が証明しています。**

極貧の家庭に生まれながら企業家、政治家、アーティストとして活躍し、大きな成功を収めた人もいれば、裕福な家庭で何不自由なく育った人が犯罪に手を染め、どん底に落ちていくような人生を送ることもあります。

たとえば、90年代に大ヒットした映画『ホーム・アローン』シリーズに主演していたマコーレ・カルキンは、舞台俳優の父の勧めで4歳からバレエを始め、7歳で映画デビュー、9歳で『ホーム・アローン』の主役に抜擢《ばってき》されます。まさに、生まれた環境が影響して幸運を手に入れたように見えます。

ところが、カルキンの活躍で大金が舞い込んだことで、父と母の関係はこじれ、家庭は崩壊。本人もティーンエージャーの時代には麻薬中毒になり、逮捕されました。はたして、カルキンは幸運な人生を歩んでいるのでしょうか。見方によっては『ホーム・アローン』に出演したことが、最大の不幸だったとも言えます。

ほかにも具体的な例を挙げれば、1冊の本に収まりきれないほどの立身出世のストーリー、転落の物語があるでしょう。

「もし、○○なら幸せなのに」「○○みたいになれたら幸せだろう」というような、環境が変わりさえすればうまくいくという発想は、現実逃避でしかありません。

「災い転じて福となす」ということわざがあるように、**大事なのは自分で自分自身の人生をコントロールできているかどうかです。**

仮に不運な出来事が起こったとしても、それを動かしがたい現実として受け入れ、あきらめてしまうのか。

それとも、何らかのアクションを起こして、幸運に転じるような努力を重ねていくのか。そこに本当の意味での、運/不運の分かれ道があります。

## 生まれ持った環境は10%しか幸福度を左右しない

人の幸福度を研究しているカリフォルニア大学の心理学者ソニア・リュボミアスキーは、幸福の尺度として用いられがちな「裕福か、貧乏か」「健康か、病気がちか」「器量がいいか、人並みか」といった生活環境や状況による違いが、幸福度に占める割合は10%ほどでしかないと指摘しています。

そして、幸福度を左右する要素の50%は、前向きな性格かどうかなど、遺伝的に決定されているとしたうえで、残りの40%は行動によって変えることができると分析。

つまり、遺伝子の性質を変えることは難しいけれど、自分の行動は自分でコントロールできる。だからこそ、「自らの意志で行動し、選択していこう」とアドバイスしています。

たとえば、外向性が低く内向的な性格の人は、目先の出来事にとらわれやすいという特徴があります。

私も、科学的根拠があり、現在、信ぴょう性が最も高いとされる「ビッグ・ファイブ理論」による性格テストで分析した結果、内向的な性格の代表格との結果が出ました。

詳しくは、148ページで解説しますが、ビッグ・ファイブは心理学の長年にわたる研究成果の1つで、人の性格を5つの角度から分析し、本人の個性がつかめるというスケールです。

私が監修したアプリ『メンタリストDaiGo―超性格分析― 究極の相性診断』では、無料であなたのビッグ・ファイブを分析できますので、ぜひ試してください。

ちなみに、内向的な人は1つのことに意識を集中しすぎるため、学校や会社での人間関係、あるいは車の運転のような、意識を分散しないとうまくこなせないマルチタスクを苦手としています。

私もそうでしたが、思春期のうちに集団の中でうまく振る舞えない失敗体験を重ねると、対人関係に不安を感じるネガティブなタイプに育っていきがちです。

　こうした面に着目すると、遺伝的に引き継がれた内向的な性格の人は、不幸せな人生を歩む確率が高いように思えるかもしれません。

　しかし、内向的な性格だからこそ、向いている職業があります。それは1つのことに集中するシングルタスクが求められる研究者や職人的な仕事です。

　**自分の性格を把握したうえで、その能力が生かせる場を探す行動を起こせば、ネガティブだと思われていた面がポジティブに変わります。**

　また私自身は、本書でも紹介していきますが、行動や習慣、考え方を変えることで、内向的な性格でありながら、外向的に振る舞う術を身につけました。

　**成果が出ないことを、性格や環境のせいにしないことです。**そこで立ち止まり、不運を理由に工夫しなくなると何も始まりません。

　大切なのは、遺伝や環境の影響を受けていたとしても、行動や習慣の工夫次第で、運／不運は変えられると信じることです。

## 真実5

# 運は自分でコントロールできる

ここまで4つの誤解について読んだ人は、5つ目の誤解である「運は自分でコントロールできない?」という問いかけへの答えがどのようなものか、すでに理解されていると思います。何より、本書のテーマは「運を操る力」ですから。

当然、**運はコントロールできます。**

私が改めてその事実を痛感したのは、おつき合いのあるロンドン在住のファンドマネージャーがスキーで事故に遭《あ》ってからの行動を聞かされたときでした。

彼はその冬のバカンスで、北海道のニセコを訪れていたそうです。ところがスキーの滑走中に転倒。打ちどころが悪く、体が動かなくなってしまったのです。

すぐに病院に搬送され、ベッドに横になると、指先も思うように動かせないことに気づきます。「俺の人生は終わった……」と思ってもおかしくないような不運のどん底

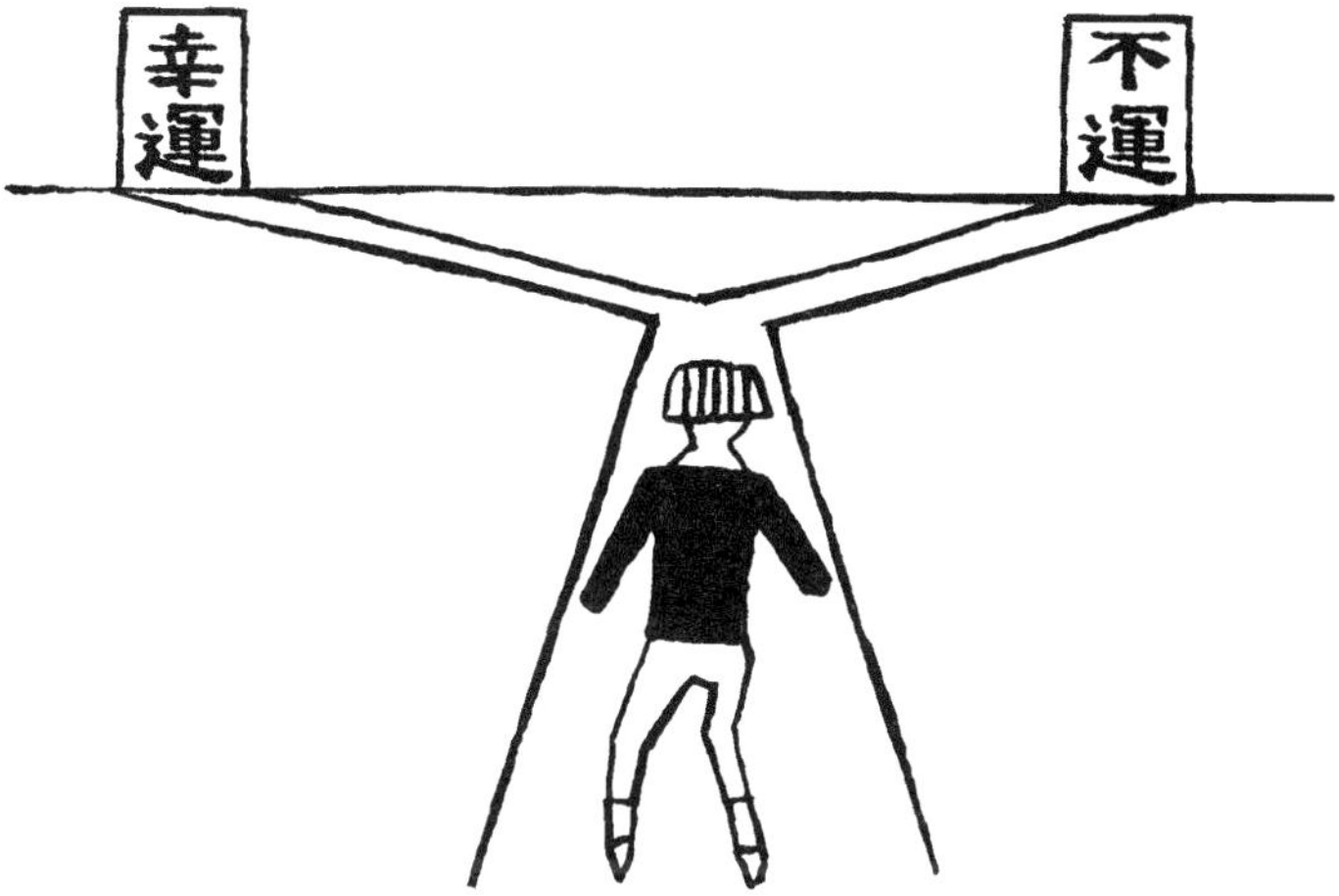


です。

ところが、彼は診察を担当した医師から「神経が切れていて、運動機能に障害が出ている。そのまま残る可能性も高いが、リハビリによって代替経路ができれば回復も見込める。リハビリは早く始めるほど効果が高い」と説明を受けると、「土日に何をすればいいか、教えてほしい」と聞き返したのです。

事故に遭ったのは金曜日の午後。土日は医師が不在のため、リハビリの開始が月曜日からになってしまう。そこで彼は1人、ベッドの上で横たわっていてもできるリハビリのメニューを作ってもらいたいとリクエストしたのです。

その後、わずか数カ月で、彼は70％まで体の運動機能を回復させました。杖を使うことなく歩き、以前と同じように仕事をし、日常生活にもまったく支障がないように見えます。

彼は、前向きな行動によって運をつかみ取ったのです。

マンチェスター大学のアレックス・ウッド博士が「幸運になれる性格」について調べた研究があります。(2)

被験者全員に「運に関してどう思っているか?」を問う22の質問をぶつけ、「自分が幸運だと信じている人」、「自分を不運だと思っている人」、「そもそも運の存在を信じない人」、「運の存在は信じるが、自分は幸運でも不運でもないと思っている人」の4パターンに分類。

その結果をビッグ・ファイブ理論などの性格テストの結果と比較したところ、幸運を招きやすい人の考え方、物事のとらえ方が見えてきました。

一部を紹介すると、物事を楽観的に考えることができるかについて、「自分を不運だと思っている人」は非常に否定的で、希望を高める行動を取りにくいという結果になっています。

一方、**「自分が幸運だと信じている人」は常に楽観的に物事を受け止め、希望を高める行動を起こしていく傾向があります。**

先ほどのファンドマネージャーのかたは、完全に後者のタイプです。症状は必ず回復するはずだと楽観的に考え、すぐに希望を現実にするためのリハビリを始めました。

こうした考え方、行動力が、運を操る力となっていくのです。

## 「運を操る力」は使うほどに磨き上げられる

行動を開始することの重要性は、脳科学の研究でも証明されています。

手を動かすなど、何かの作業をし始める、つまり行動を起こすと、脳内でドーパミンが放出されることがわかっています。ドーパミンはホルモンの1つで、「期待のホルモン」と呼ばれ、不安や抑うつを低下させ、やる気を高める働きがあります。

行動することによって、「もっといいことが起こるのではないか」と次なる行動が駆り立てられるのです。これを、心理学では「作業興奮」と呼びます。

作業興奮のおもしろいところは、「やる気が出たから行動する」のではなく、「行動したからやる気が出てくる」という仕組みであること。つまり、動き出すことで運をつかむチャンスが増えていくのです。

運がいい人というのは、最終的によい成果を出し、本人の幸福度が上がった状態に自分を導ける人のことです。

考えるべきなのは、「いま、ここ」の短期的な運／不運よりも、どうやったら「この先」の自分の幸福度が上がるのか、です。

幸福度の研究では、人は自分が成長している過程、右肩上がりの状態にあるときに最も幸せを感じるという結果が出ています。

長い人生において、**運を意識しながら行動や生活習慣を変えていくことが、結果的に幸運を引き寄せることになるのです。**

私は、運の源泉は知識にあると考えています。

どんな行動を起こせば、不運を遠ざけることができるのか。どんな準備をしていると、幸運に気づくことができるのか。どんな習慣を身につければ、運を持続的に味方にすることができるのか——。

一度、必要な知識を身につけてしまえば、運はコントロールできます。しかも、**運**

**を操る力は使えば使うほど磨き上げられ、新たな組み合わせが見つかり、その力は高まっていきます。**

うまくいけば、運がよかった。うまくいかなければ、運が悪かった。

そんなふうに、ぼんやりと運をとらえるのは、もうやめにしましょう。

幸運な人、不運な人。数多《あまた》の人々の運／不運に着目した先行研究を土台に、心理学や脳科学の最新研究を加え、日々の行動と習慣をどう変えていけば運を操ることができるのかを明らかにしていきます。

お金のように使ったら減っていくものではなく、知識と同じくいつまでもあなたを支えてくれるもの。

それが本書で伝えていく「運」であり、「運を操る力」です。

# Chapter 2

# 運を操る3つの科学的な方法

## 「確率論的な運」にまどわされるな

私は、運には2種類あると考えています。

**「運を操る力」を身につけることでコントロールできるようになる運と、「運を操る力」が及ばない運です。**

第1章の「運にまつわる5つの知られざる真実」として挙げた運のとらえ方は、いずれも自分ではコントロールすることのできない運についての誤解でした。

コントロールすることのできない運、運を操る力が及ばない運の代表格が、サイコロの出目や宝くじの当選番号の抽選など、あなたの行動によって変えることのできない運です。

これらを私は、「確率論的な運」と呼んでいます。

何千万枚と発行される宝くじに当たるのは、運のいい人でも、運の悪い人でも、運を操る力を身につけた人でもなく、ただ単純に当たりくじを引いた人です。そこには法則も再現性もなく、ただただ当たったという事実と当選金が残るだけです。

もちろん、大金が入ったことを幸運と考えることもできるでしょう。

でも、人生というスパンで見た場合、転がり込んできた大金が不運を招く可能性が高いことは、第1章で紹介したとおりです。

**自らの行動で結果を変えることも、再現することもできないような確率論的な運に対しては一喜一憂しないこと。**これからあなたが身につけていく運を操る力とは、直接に関係のないものとして考えてください。


たとえば、長年にわたって運について研究を続けているイギリスの心理学者リチャード・ワイズマンは、実験の一環として日本でいうナンバーズのような宝くじを使って、ある試みを行いました。

「自分は運がいい」と思っている人、「自分は運が悪い」と思っている人を集め、宝くじの当選番号を予想してもらうという実験です。

予想をしてもらう前に、「当たりクジの番号を当てる自信がありますか?」と聞くと、自分は運がいいと思っている人たちは、「自信がある」と答えました。

しかも、集まった予想の数字を集計していくと、運がいい人たちが選んでいて、運が悪い人たちが選んでいない数字がいくつか出てきたのです。

そこで、ワイズマン博士はこう考えます。

「運と予知能力の間に何か関係があるとしたら、運のいい人は運の悪い人よりも当選する数字を選んでいるはずだ。この推論が正しければ、目の前にある予想の数字の集計が、私たちを億万長者にしてくれるかもしれない」

こうして博士は、運のいい人たちが選び、運の悪い人たちが選ばなかった6つの数字の宝くじを購入します。

翌日、抽選が行われました。結果、当選番号となった数字に博士の買った6つの数字は1つも入っていませんでした。

この実験には、「自分は運がいい」と思っている人、「自分は運が悪い」と思っている人、数百人が参加しましたが、高額当選者はゼロ。当選した人の割合も「運がいい」「運が悪い」の間に大きな差はありませんでした。

**運と予知能力の間には何の関係もなく、「自分は運がいい」と考えている本人の自信も期待も、当選には無関係だったのです。**

## 仕事運、対人運、金運、恋愛運すべて操れる

繰り返しになりますが、確率論的な運に対しては、いくら運を操る力を身につけたとしても、大きな変化はありません。

一方で、仕事運、対人運、金運、恋愛運などはすべて、運を操る力でコントロールすることができます。

なぜなら、考え方を変え、物事の見方を変え、行動を変え、習慣を変えることで、運を操る力が身につき、**人生という長い歩みにおいて「当たり」を引く可能性が確実に高まるからです。**

たとえば、あなたのキャリアを劇的に変えるキーマンとの出会いや、人生の転機となるようなビジネスチャンスとの遭遇など、振り返ってみると「あれが始まりだった」という幸運がやってくる確率は、本人の努力次第で上げることができます。

イメージしてみてください。

毎日、決まった時間に家を出て、同じ駅から会社に向かい、いつもと変わらぬメン

バーで仕事をし、週末はリビングでテレビを見ながら過ごす。ふとしたとき、人生このままでいいのかな？　と不安になるものの、せめていまある日常を守ろうと変化を求めず、日々の忙しさの中に戻っていく……。

そんな生活を続けていると、人はそこここにある運に気づけなくなっていきます。当然、キーマンとの出会いやチャンスとの遭遇が起こる確率は低いままです。

しかし、新たな取引先を見つけるために飛び込んだ会社や、リフレッシュのために取った長めの休暇で訪れた旅先に、思わぬ出会いが待っているかもしれません。あるいは、朝、会社に向かう途中に巻き込まれたトラブルから、ビジネスチャンスのヒントが見つかることもあります。

**動くか、動かないか。**
**試すか、試さないか。**
**気づくか、気づかないか。**

そこここに平等に存在する仕事運、対人運、金運、恋愛運などの運に対して、あなたがどう向き合っていくか。

「ない」と思っていると、見えるはずのものも見えません。逆に、「ある」と思っていれば、見えるはずのものがきちんと見えるようになります。

不安に強くなり自ら動き、チャレンジしながら試行錯誤を続けて、目の前に訪れた幸運に気づくこと。これが、運の研究を通じて明らかになった、運を操るための３つの科学的な方法です。

方法 *1*

# 不安に強くなる

## ドキドキしたままでは一歩目が踏み出せない

「運を操る力」を身につけるには、不安に強くなることが前提条件となります。

なぜなら、**不安があなたを幸運から遠ざけ、不運を引き寄せるからです。**

心理学的に、不安傾向が強い人、物事をネガティブに考える人は、自分の周りで起こっている物事の変化に気づきにくくなります。また、新たな出来事を受け入れにくくなることもわかっています。

つまり、不安を抱えていると、行動する回数が減り、新しい取り組みを試さなくなり、結果的に幸運にも気づかなくなるわけです。

逆に、「ネガティブバイアス」（88ページで解説）と呼ばれる心理が働き、「やっても、どうせうまくいかない」「以前も失敗した」など、否定的な現象に目が向くようになります。

何かに挑戦するときも心理的に後ろ向きのまま取り掛かるので、失敗の可能性が高くなり、うまくいかなかったときには「ほら、思ったとおりだ」「自分はツイていないから」と不運を受け入れてしまうのです。

本来であれば、自分の周りに幸運の種がいくつも落ちているにもかかわらず、ネガティブな人は警戒心が強いために、いわゆる「木を見て森を見ず」という状態に陥ります。

一方で、**ポジティブな人はリラックスしているので、全体を見渡し、そこここにあるチャンスに気づきやすいのです。**

また、不安に目をつぶる、ネガティブな感情に蓋《ふた》をするという反応もあります。不安を抱いている自分と向き合わず、リスクを見て見ぬふりして、「自分は失敗するはずがない」「自分にネガティブな出来事は降り掛かるはずがない」と信じ込むわけです。

このタイプの人は、一発勝負に出ます。チャンスに気づかず、また幸運を待つこともできないので、焦って短絡的な行動に出て失敗します。

以前に私は、海外のカジノで負けが込んでいる人たちを観察したことがあります。彼らに共通するのは、どのギャンブルをやるときも、すぐにテーブルに入っていくことでした。

逆に、多少なりとも勝っている人たちは、テーブルの外からディーラーと客との勝負をしばらく観察します。これは、**その場の雰囲気に慣れ、状況を見極めながら、不安を遠ざけるための対策を立てる時間を取っているのです。**

ところが、ギャンブルに負ける人は、自分が失敗することは考えずに高揚感のまま席につき、賭けながら熱くなって大勝負に出てしまいます。

## 無視しても意識しすぎても不運を呼び寄せる

ポーカーをはじめ、ギャンブルの勝ち負けは、勝負どころを見極められるかどうかにかかっています。勝ちが見込める状況が来るまでは、降り続けながら強い手が揃うのを待つのがセオリーです。

そのためには、チャレンジをし続けながら、運が向いてくる局面を待つ余裕が不可欠です。

つまり、**不安を遠ざけ、冷静に場を見極めることが、余裕を生み出す準備になります。**

このステップを踏まないと、いずれ焦りから大きな勝負に出て敗れ、資金がショートします。現金をコインに替え、マイナスを取り返そうとさらに焦り、ますます負け続ける負のスパイラルにはまっていくのです。

これはギャンブルに限らず、人生のあらゆる局面にも当てはまります。

不安と向き合わずに無理をした結果、失敗し、その痛手が「またダメかもしれない」というネガティブな物事の見方を育《はぐく》み、チャレンジする勇気が薄れていく。

不安は無視しても、意識しすぎても不運を呼び寄せます。

運を操る力を身につけたいのなら、まずは不安と向き合い、対処する方法を学ぶ必要があるのです。

不安に強くなるための手法は、第3章の「不安に強くなる5つのテクニック」で紹介していきます。

具体的には以下の5つです。詳しくは第3章をご覧ください。

**1「ネガティブバイアス」の罠に気づく**
**2「脱フュージョン」でネガティブ思考を手放す**
**3「失敗ノート」をつけて読み返す**
**4「ビッグウィン仮説」にまどわされない**
**5人生のコントローラビリティを高める**

方法2

# 試行回数を増やす

## とにかく何度も、何度もやってみる

不安に強くなり、行動に出ることができたら、次は何度も何度も行動し続け、試すことが「運を操る力」のトレーニングとなります。

毎日、毎日、同じようなタイムテーブルで人生を送っていると、チャンスと巡り合う確率は上がりません。

しかも、人間の脳はラクをする仕組みになっていて、慣れたことを繰り返す日々では、意志力や集中力をつかさどる前頭葉《ぜんとうよう》をあまり使わなくなり、機械的な対応で流すようになっていきます。

すると、新しい発見に気づくことが少なくなり、巡ってきているはずの運にも鈍感になってしまうのです。

その意味では、「不運は生活習慣病」とも言えるかもしれません。

大切なのは、**刺激と変化と成果を求めて、小さな実験を繰り返していくこと。**試行回数を増やすことが、幸運のやってくる可能性を高めるのです。

何度も小さなチャレンジをするよりも、入念に準備し、精度を高めて、1回の大勝負で大きなリターンを狙ったほうがいいと考える人もいるでしょう。

たしかに、準備をすることは重要です。しかし、精度を高めようと自分の枠の中で準備を進めていっても、本当に外部で通じるレベルに練り上げていけるかどうかはわかりません。

**精度を上げようと立ち止まって、あれこれ考えている暇があるなら、たくさん動いたほうがいいのです。**

試行回数を増やして、小さな失敗、小さな成功から次善策を学んでいくほうが、結果的には精度を高めることにつながります。

それでも人が失敗を恐れるのには理由があります。

ノーベル経済学賞を受賞した行動経済学者のダニエル・カーネマンが「プロスペクト理論」という形で証明しています。この理論の要点は、「損失を受けることで感じる心の痛みは、利益を得る喜びよりも大きい」ことです。

人は「試行回数を増やすことで、将来的に幸運という利益を得られるはず」と思う一方で、「もし試して、失敗したらつらい」というブレーキをかける性質があるわけです。

## 自分の実力を上げつつ幸運なタイミングを待て

それでも世界一の投資家であるウォーレン・バフェットは、「投資の世界には見送りの三振がない」と言っています。これは、株価の変動を投手の投げる球に、投資家を打者にしたたとえです。

野球では打席に立って、ストライクを3球見送ると三振でバッターアウトになります。しかし、株式投資では、どれだけ株価が変動しても、投資家は見送ることができます。

バッターボックスに立ちながら、どの企業を、どのような観点から、どのタイミングで、どの価格で、どういう状況で買おうか思案しながら、チャンスを見極めること

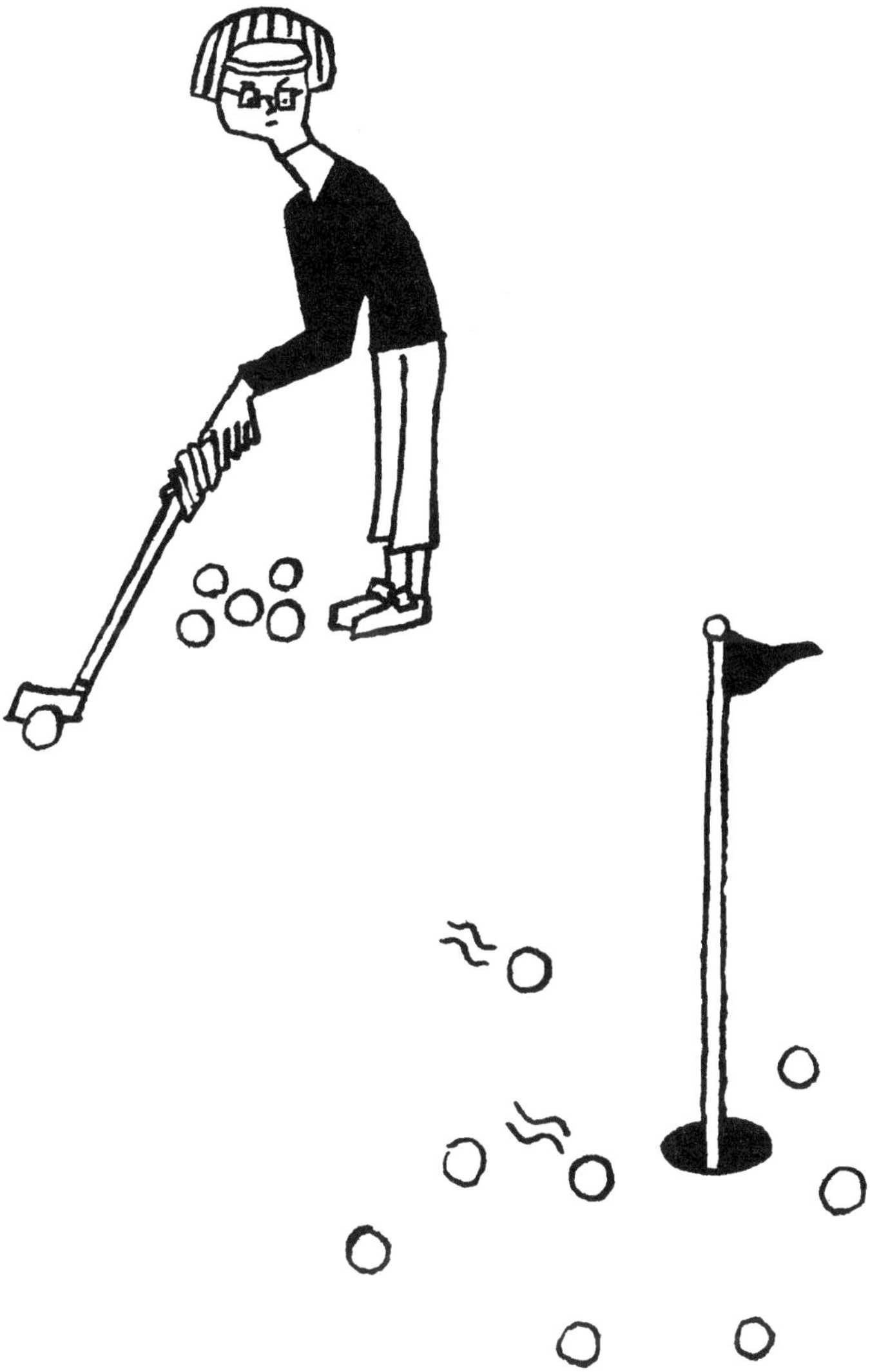

ができるのです。
ところが、多くの投資家はこうした我慢ができず、勘に頼った勝負に出てしくじります。

重要なのは、試行回数を増やしながら幸運なタイミングを待つこと。慣れていない人ほど、試すことをせずに大きく動き、運を逃してしまうのです。

**コツコツやることの大切さは2つあって、1つは自分の実力をつけること。もう1つは幸運を待てることです。**

試行回数を増やすための手法は「試行回数を増やす7つのテクニック」として、第4章で紹介します。

具体的には以下の7つです。詳しくは第4章をご覧ください。

**1「アズイフの法則」で幸運な人になりきる**

**2「ピグマリオン効果」で期待を現実の力に**

*3*「プレ・パフォーマンス・ルーティン」を行う

*4* レジリエンスを高める

*5*「ビッグ・ファイブ理論」を戦略的に活用する

*6*「恥さらしトレーニング」で対人不安を消す

*7*「運動日記」で運がよくなる

方法3

# 気づく力を鍛える

## 「運を操る力」を構成する最後のピース

試行回数を増やすのは、幸運のやってくるタイミングを待つためでもあります。

しかし、いつどのタイミングで幸運がやってくるのか……。**そのときを逃さず、運をつかむために必要なのが、気づく力です。**

ここ数年で一気に世界中に広がり、日本でも利用者が急増している Airbnb（エアビーアンドビー）というサービスがあります。これは、いわゆる民泊ビジネスの火付け役です。

ホテルが足りない都市部で、空き家や使っていない部屋を持っているオーナーが民泊用に貸し出し、利用者が予約して宿泊するという仕組みです。

Airbnb は両者を仲介するサイトを運営しています。利便性の高さでオーナー、利用者の双方から高い評価を得て、創業から数年で世界中に展開し、現在は売上3兆円の大企業に成長しました。

とはいえ、日本でこそなじみが薄かったものの、民泊ビジネスは目新しいものではありません。

Airbnb の創業者である3人は、古くからの仕組みにネットを組み合わせれば一気に利便性が上がることに気づき、大きなチャンスをつかみました。

つまり、彼らには幸運に気づく力があったのです。

不安に強くなり、行動に移った後、自分の周りにある運に気づくことができるかどうか。言わば、運を操る仕上げとなるのが、幸運に気づく力です。

ところが、**多くの人はこの力を眠らせたまま生活しています。**

たとえば、ウエスタンワシントン大学の研究で「予期せぬ幸運に気づける人の割合」という実験があります。別名「金のなる木の実験」として有名な実験で、キャンパス構内の学生が通る道の樹木にドル札を吊るしておき、何人がお金に気づくかを調査しました。

木にお札がなっていれば気づくだろうと思いますが、なんとドル札に気づいた被験者はたったの6%でした。

ここから研究では、予期せぬ幸運に気づける人の割合はわずかであると結論づけています。

なぜ、多くの人が気づかずに歩き去ってしまうかについては第5章で後述しますが、「運を操る力」を構成する最後のピースとなるのが、気づく力なのです。

## 変化に気づくことのできる人だけが幸運を手にする

運のいい人、悪い人を分けているのは、目の前にあるチャンスに気づくか、気づかないかの違いです。

変化に気づくことのできる人は大きな果実を手にし、見逃した人は何も手にすることができません。その成果の違いを見て、周りからは「あの人はラッキーだった」「あの人はアンラッキーだった」と評されます。

運は不平等なものだと思われがちですが、一生の間にやってくる幸運の総量に大き

幸運
幸運
幸運

な個人差はありません。

**訪れるチャンスの数は同じで、気づいて行動に移せたか、移せなかったかの違いだけが結果を左右しているのです。**

だからこそ、重要な気づく力。

これをいかに高めていくかが、人生の行く先を大きく左右していきます。

気づく力を鍛えるための手法は、第5章の「気づく力を鍛える5つのテクニック」で詳しく説明します。

具体的には以下の5つです。詳しくは第5章をご覧ください。

**1 呼吸法と瞑想でリラックスする**

**2 違う選択をゲーム化する**

**3 「自己充足的予言」にとらわれない**

**4 「ワーキングメモリ」を解放する**

**5 「セレンディピティ戦略」で幸運をつかむ**

不安に強くなり、試行回数を増やし、気づく力を鍛える。

この3つのサイクルを何度も回転させて、あなたも運を操る力を鍛えていきましょう。

# Chapter 3

# 不安に強くなる5つのテクニック

## 名経営者が面接で問う「あなたは運がいい？」の真意

パナソニックの創業者である松下幸之助《まつしたこうのすけ》は、採用面接の最後に必ず「あなたは運がいいですか？」と聞いたという有名なエピソードがあります。そこで、「運が悪いです」と答えた人はどんなに学歴や面接結果がよくても、採用されませんでした。

なぜ松下幸之助は、運について聞いたのでしょうか。その真意を著書『人事万華鏡』（ＰＨＰ研究所）の中で、こんなふうに語っています。

「知識のあるなしということなら、試験でもすればすぐわかる。人柄とか性質といったことも全面的にはわからなくても、だいたいのところはわかる。才能もある程度まではわかるだろう。けれども運が強いかどうかはちょっとやそっとではわからない」

「運というような、そんな非科学的なものはありはしないという見方も、あながち否定はできない。運があるという証拠を見せろといわれても、なんとなくそういうものがあると思うという程度のことしかいえないのがほんとうのところである」

「私はやはりそうした運といったものがあるという見方に立った方が、ものごとがより好ましい姿で進んでいくのではないかと思っている。だから人を採用するにしても、登用するにしてもそういうことを加味して考えることが大切だと思う」（原文ママ）

昭和の大経営者が持っていた運に対する感覚の正しさは、２０００年代以降に行われたいくつもの心理学の実験によって証明されています。

詳しくは後述しますが、**「自分は運がいい」と考えている人は、過去の記憶からも目の前の出来事からも「自分は運がいい」と思えるものを探す傾向があります。**

逆に、「自分は運が悪い」と思い込んでいる人は、過去、現在、未来から「運が悪い証拠」を探す傾向があるのです。

面接で質問されて「運がいいです」と答えられる人も、きっと平坦な人生を歩んできたわけではありません。つらいことも、不幸なこともあったでしょう。それでも「運がいいです」と答えるのは、物事のポジティブな面に目を向けているからです。

一方、「運が悪いです」と答えた人の人生にも、うれしいことや幸せな出来事はあったはずです。それでも、改めて「運がいいですか？」と聞かれると、ネガティブな記憶が先に浮かび、「運が悪いです」と答えてしまう。

**ここに、「運の悪い人」が採用されない理由があるわけです。**

## 運の悪い人ほど失敗を恐れて不安を感じやすい

そもそも人間の脳には、失敗を重視し、不安を感じやすくする仕組みが備わっています。これは、はるか昔、野生の時代に生きていた記憶が、私たちの本能として残っているからです。

あなたがサバンナで生きる草食動物だったとして、ポジティブで不安を感じずにいることは、生き抜くためにプラスに働くでしょうか。もし、青々と茂る若草に心を奪われて一心に食事をしていたら、いつ肉食動物に襲われるかわかりません。

自然界においては、失敗を恐れ、不安を抱き、注意力を分散していたほうが、危機を回避する可能性が高まって生き残ることができます。

つまり、**何が起こるかわからない野生の時代を生き抜いてきた記憶が、人を不安に敏感にさせ、成功よりも失敗をよく覚えているように仕向けたのです。**

しかし、生存のための本能は、安全な現代の暮らしにおいては、幸せを妨げる働きをするようになってきました。特に、運／不運を左右する要素として、ネガティブであることはマイナスに働きます。

心理学の研究では、運の悪いことが起こる人たちの共通点として、人よりも不安を感じやすい点が挙げられています。

不安だから、注意力が散漫になって失敗が多くなり、ネガティブな出来事をより強く記憶する傾向が生まれ、そうした経験が積み重なって「自分は運が悪い」と認識するようになるのです。

**運を操るためには、この負のサイクルから抜け出さなければいけません。**そこで、必要になるステップが、不安に強くなることです。

本章では、不安に対して強くなる効果が科学的に認められている、5つのテクニックを紹介します。

不安は不運を引き寄せます。だからこそ、不安そのものを遠ざけることで、不運を遠ざけることもできるのです。

# 1 「ネガティブバイアス」の罠に気づく

人が不安を感じる原因の1つが、「ネガティブバイアス」です。

バイアスとは、物事を経験からくる先入観や偏《かたよ》った見方で判断してしまう脳の仕組みのことです。

日々、多くの情報を処理しなければならない脳は、「以前はこうだった」「今回もきっとこうだ」とバイアスを使って、すばやく判断を下せるよう発達してきたのです。

ネガティブバイアスもその1つで、**ポジティブなことよりもネガティブなことに対して敏感に反応する習慣が積み重なり、脳内に構築された回路です。**

「自分は運が悪い」と考えがちな人は、否定的な現象につい意識が向く傾向があり、それはネガティブバイアスの働きが人よりも強いためと考えられます。

たとえば、交通事故に関する研究では、運転していた人の心理は事故を起こしたときにどう変化していくかを、こう結論づけています(3)。

・対向車線にスピード超過や左右に蛇行するなど、挙動の不審な車が現れる
・運転手のネガティブバイアスが働き、対向車ばかりに意識が向く
・自分の運転が疎《おろそ》かになり、事故を起こす

同じく交通事故に関する研究で、中国科学院のドライバーを対象にした実験があります(4)。

この実験では、全員の交通事故歴を調べたうえで、安全運転グループと危険運転グループに分類。その後、全員にポジティブな写真（喜ぶ人たちなど）、ネガティブな写真（涙する子供など）、ニュートラルな写真（街の風景など）を見てもらい、それぞれのイメージに対する反応スピードを調べていきました。

すると、危険運転グループほど、ネガティブな写真に強く反応する傾向があったのです。

**ネガティブバイアスの強い人は不安を感じる要素があると、自分が行うべきことへ**

**の集中力を欠いていきます。**それが車の運転であれば事故につながり、人間関係であれば相手を怒らせるようなトラブルにつながり、仕事であれば納期を間違えるなどのミスにつながります。

これが、運の悪い人の思考回路で起こっていることです。

## 上司の笑みが微笑に見えるか、苦笑に見えるか

別のたとえで言うと、ゴルフをプレーしていて池を意識しながら打つと、池に入りやすくなるという「あるある」があります。これもネガティブバイアスが働いた結果で、池に入れないようにしようと意識すればするほど、体は池のほうに向き、ショットがズレてしまうのです。

こんなふうにネガティブバイアスの働きが強い人には、いくつか共通する思い込みがあります。

・成功しないと周りの人に認めてもらえない
・人間は正しいことをするべきで、そうでないとダメな人間だと思う

・人生は安心で安全な状態が自然であって、不便さや不快さがあってはいけない

こうした価値観が強いため、そこから外れたときに感じる不安がより強烈なものになるのです。もし、あなたにも当てはまるところがあると感じたら、次のように対処しましょう。

**まずは、ネガティブバイアスの存在を意識すること。**そのうえで、自分がいま、感じている不安が本当に意識を向ける必要があるほどの不安（命に関わる、人としての信用に関わる）なのか、一旦、冷静になって考えてみましょう。

あなたが人よりも不安を感じやすいタイプなら、先に挙げた3つの思い込みを持っていないかどうかもチェックしてください。**成功や正しさ、安全への強いこだわりが、結果的にあなたを不安にさせているのかもしれません。**

たとえば、こんな場面を想像してください。

あなたが部内のミーティングに、ほんの少し遅刻したとしましょう。数分遅れで会議室に入ると、あなたの姿を見た上司の顔にほほ笑みとも苦笑とも取れる、中途半端

な笑顔が浮かびました。

上司はあなたが到着したことを喜んでいるのでしょうか。それとも遅刻したことにあきれているのでしょうか。

あなたは上司の笑顔をどう解釈しますか？

ネガティブバイアスが働いた場合、「上司は遅刻を怒っている」と受け止め、ミーティングでの間、平静ではいられなくなるでしょう。失敗を取り戻そうと、不用意な発言をして実現不可能な約束をしてしまうかもしれません。

あるいは、上司から叱責《しっせき》があるのではないかという思いにとらわれて、ミーティングの内容が頭に入らず、新たなミスを引き起こす可能性もあります。

一方、あなたが物事をポジティブにとらえられるなら、上司の笑顔は「安心したほほ笑みだ」と解釈して、リラックスした状態でミーティングに臨むことができます。

その場で上司から新たな仕事の依頼があっても、「重要な案件で、私を信頼して任せてくれたのだ」と受け取ることができるでしょう。

**このように同じ情報をどう解釈するかによって、見えてくる世界はがらりと変わり**

ます。

不安が不運を呼ぶ、ネガティブバイアスの罠《わな》に気づくこと。これが、「不安に強くなる」ための最初のステップとなります。

なぜなら、続く「脱フュージョン」などの手法をうまく取り入れ、考え方を変え、行動を変えることで、ネガティブバイアスの働きを弱めていくことができるからです。

2

# 「脱フュージョン」でネガティブ思考を手放す

不安に強くなる方法として、心理療法の現場で使われているのが「脱フュージョン」という手法です。

そもそも、フュージョンとは「融合」「混ざり合う」といった意味です。たとえば、音楽のジャンルの1つであるフュージョンは、ジャズ、ロック、ラテンなどを融合させたジャンルです。

そのフュージョンに「脱」をつけた「脱フュージョン」は、**混ざり合った私たちの感情からネガティブな考えを切り離し、否定的な感情に巻き込まれないようにする効果があります。**

たとえば、資格試験のために週末は勉強しようと思っていたのに、ついつい寝過ごし、だらだら過ごしたうえ、「今日は出るかも」とパチンコに出かけてしまい、お金が減ったうえ、夜になってしまった……。そんな1日には、「自分は最低な人間だ」と落ち込むものです。

すると、「自分は最低な人間だ」→「どうせ勉強しても試験には受からない」→「いっそのこと受験自体をやめたほうがいいんじゃないか」といったネガティブ思考の連鎖が始まります。

当然ですが、受験しなければ合格することもなく、成果という運からは遠ざかることになります。そこで役立つのが、脱フュージョンです。

最も簡単なやり方は、**ネガティブな考えに得点をつけて客観化していく「採点法」と呼ばれる方法です。**

自分は最低だという落胆した気持ちが、自殺を図るほどの落ち込みならば100、部屋から出たくないというくらいの感情ならば60といったふうに、そのネガティブ度合いに応じて採点していきます。

「いまの自分への落胆は、80点までひどくはないけど、50点くらいはあるな」と。このように考えるだけで、自分の感情について一歩引いて見ることができるようになります。

その結果、何が起こるかと言うと、**あなたを不安にし、動揺させているネガティブな考えを切り離すことができ、感情の揺れが収まっていくのです。**

実は、私はメンタリストとしてテレビでパフォーマンスするときに、脱フュージョンを反対方向から活用しています。

人は怒りの感情に支配されていると、目の前のことにしか集中できなくなり、不安が高まると目の前のことにとらわれ、注意力が散漫になって物事を広く見ることができなくなるからです。

この性質を利用すると優位に立てるので、「ババ抜き対決」（お互いにジョーカーを含む、5枚のトランプのカードを目の前に並べ、先攻後攻で1枚ずつ引いていく。最後までジョーカーが手元に残った側が負け）でよく使っています。

ゲームが始まり、相手が5枚の手札を並べたとき、「そんなに簡単な配置でいいんですか?」と挑発すると、性格にもよりますが多くの相手はイラッとして、怒りの感情が表に出ます。すると、無意識のうちに視線がジョーカーのほうに向かうのです。

あるいは、ジョーカーを引いたらモノマネをするという罰ゲームが設定されている場合、「モノマネ、得意なネタがあるんですか？」など、相手が負ける前提で雑談を始めます。こちらの自信を暗に伝えることで、**相手の心では不安が高まり、ネガティブバイアスが働きます。**

自分のジョーカーの位置はここでいいのか、ＤａｉＧｏはなぜあんなに自信満々なのか、何か仕掛けがあるのか、もし負けたらモノマネをするのは嫌だ、など、ネガティブバイアスは相手を勝手に不安の渦に追い込んでいきます。

その結果、目の前の勝負に集中できず、ミスから自滅していくのです。

## 不安を歌に変えて吐き出し、切り離す

一方、私が相手から怒りや不安をあおるような仕掛けを受けたときは、その場で脱フュージョンを行います。テレビ的にも盛り上がるのは、思考を歌ってみる「歌唱法」です。

不安からイライラするなら、「いらーいらーすーるー♪」という具合です。非常にバカバカしいと思われるかもしれませんが、だからこそ、自分の感情を切り離すことができ、笑いとともに不安を遠ざけることができます。

もし、「自分はダメな人間だ」と落ち込んでいるなら、そのフレーズを好きなメロディに乗せて歌ってみましょう。小声でも、大声でもかまいません。すると、ネガティブな思考と一気に距離が取れるようになります。

ポイントは、**不安やネガティブな思考を言葉として外に出すことです。**

不安を心の中に抱え込み、考え続けていると、深刻な事態に陥っているような感覚がどんどん増していきます。

ところが、言葉にして外に出す、しかも歌にして歌うことで不安を客観視すると、

人生を左右するほどの重大事ではないことに気づけるのです。

ちなみに、脱フュージョンにはほかにも、怒り、悲しみなどの感情を「怒りくん」「悲しみさん」というように擬人化して処理する「擬人法」、自分が駅のホームにいると仮定して走ってきた貨物列車に次々とネガティブな感情を放り込んで、遠ざけていくイメージを膨らませる「列車法」などの手法もあります。

いずれの手法もコミカルな印象を受けるかもしれませんが、どれもボストン大学など、一流どころの心理学部の研究で効果的だと立証されている方法です。

**それぞれにある種のバカバカしさが残されているのは、不安やネガティブな思考を笑いに変え、リラックスさせる狙いがあるのでしょう。**

心にモヤモヤを感じたら、脱フュージョン。ぜひ試してください。

3

# 「失敗ノート」をつけて読み返す

ある意味、世界で最も運がいい人物と言える投資家のウォーレン・バフェット。そのバフェットが会長を務める投資持株会社バークシャー・ハサウェイの副会長で、ずっと右腕として頼られてきた人物が、チャーリー・マンガーです。

自身も投資家として莫大《ばくだい》な富を築き上げてきたマンガーには、不安に強くなるために実践している1つの習慣がありました。

それは「チャーリー・マンガーの失敗ノート」と呼ばれるノートを作ることです。

ノートに書き留められているのは、その名のとおり、マンガーが見聞きしてきた数々の失敗です。投資家、政治家、企業家、スポーツ選手、歴史上の人物、あるいは新聞記事となった一般の人々。

ポイントは、**客観的に見ることのできる他人の失敗やしくじったニュースを書き留**

**めることです。**マンガーは、新たな投資を行うときには必ず「失敗ノート」を見返していました。

そして、自分の現在の行動と見比べ、何か思いもよらぬ失敗をしていないかをチェックしていたのです。

成功法則ではなく、失敗ばかりを集めている理由を問われると、マンガーは「成功の要因はいくつもあり、複雑で、何が寄与しているのかわからない。しかし、失敗の要因は明らかだ」と答えています。

失敗ノートは、他人の不運を調べてためておくノートです。自分のミスは書き残さなくても、痛みとともに記憶に残っています。**あえて他人のミスを省《かえり》みることで、自分に舞い込むであろう不運を未然に防ぐことができるのです。**

たとえば、企業が倒産するときには必ず資金がショートします。このキャッシュフローが足りなくなるという失敗の背景にありがちなのが、1つのジャンルで成功してビジネスを拡大しようと異なる分野に投資をするという行動です。

自分の専門外のことを調子に乗って始めるパターンで、数えきれないほどの企業が倒産という不運に見舞われてきました。

**この失敗パターンをはっきりと認識しておくと、同じ轍《てつ》を踏むことがありません。**

つまり、不安を遠ざけることができるのです。

一方、成功要因はたくさんありすぎて、特定しにくい面があります。

たとえば、革新的なデバイスとして登場したiPhoneは、世界中で大成功を収めました。しかし、成功要因を1つだけ挙げろと言われても、デザイン性のよさなのか、カメラの性能なのか、操作感の新しさなのか、スティーブ・ジョブズのスピーチがすばらしかったからか、そのどれもかもしれませんし、本当はどれでもないかもしれません。

ただ、結果として大成功したという事実があるだけです。そのため、iPhoneの成功要因を思いつくだけ書き出したとしても、それを真似ることは難しく、自分が成功に至る道筋を歩んでいるという安心を得ることはできません。

つまり、他人の成功から学ぼうとする成功ノートを作っても、逆に混乱する可能性があるのです。

## 同じ轍を踏まないための軌道修正ツール

ちなみに、チャーリー・マンガーはある取材で、「神様が現れて、どんなことでも教えてくれると言ったら、何を知りたいですか?」と聞かれたとき、こう答えています。

普通に考えれば、株式投資で成功してきた人物ですから、「10年後のアメリカのことを知りたい」といった答えを予測するでしょう。

ところが彼は、「自分がどこで、どういうふうに死ぬのかを知りたい」と言い、こう続けました。「そのうえで、その場所には絶対に行かないように生きていく」と。

まさに失敗ノートをつづる理由と同じです。**不安を徹底的に遠ざけることで、ポジティブな人生を歩んでいるのです。**

私もそんなマンガーを見習って、人の失敗談を聞いたとき、ニュースで紹介された興味深い失敗の事例に触れたとき、失敗ノートをつけ、新たな行動を起こすときには見返すようにしています。

たとえば、「ソニーはなぜ、iPhoneを作れなかったのか」という記事があります。

そこに書かれているのは、「ケータイにカメラをつけるとデジカメが売れなくなる」と主張するデジカメ部門を説得することができず、開発が頓挫。組織内の対立から、革新的な商品を開発できなくなっていくソニーの失敗がつづられています。

また、ポラロイド社に関する失敗の逸話もメモしてあります。

「写真を撮ったら、すぐに見られる方法がないか？」と考え、試行錯誤の末にポラロイドカメラの開発に成功。一世を風靡《ふうび》したイノベーティブな創業者が会社から去った後、ポラロイド社は硬直化していきます。

そして、デジタルカメラが市場に登場し始めた頃、「撮ったらすぐに見られる」という創業の理念と同じ商品にもかかわらず、「自社のポラロイドカメラが売れなくなるから」と参入を断念。時代に逆行した施策を打ち、市場を失っていきます。

こうした事例を読み返すことで、**私は自分が守りに入ろうとしたとき、「それは無意味な自己保身ではないか？」と問い直すのです。**

その失敗ノートですが、私は紙のノートではなく、エバーノート（インターネットを利用した個人向けの情報保管サービス）に保存するようにしています。

気になった失敗のニュースを次々と放り込み、確認したいときにはキーワード検索をかけ、見返すことができます。また、一覧性も高く、ストレスがありません。

すると、たしかに「あ、これは同じだ！」と自分が失敗しやすい行動を起こしかけていることに気づく機会が増えました。

気づけば当然、軌道修正します。その繰り返しが、不運を遠ざけ、幸運に近づくトレーニングとなっていくのです。

## 4

# 「ビッグウィン仮説」にまどわされない

「守株《しゅしゅ》（株を守る）」という故事成語があります。

これは「いたずらに古い習慣を守って、時に応じた物事の処理ができないこと」という意味です。

ウサギが走って木の切り株に当たって死んだのを見た宋《そう》の農民が、仕事を投げ捨てて毎日切り株を見張ったものの、ついにウサギは捕れなかったという中国の古典『韓《かん》非子《びし》』に出てくる故事にちなんだものです。

端的に言えば、**「以前はこの方法でうまくいったから、今度もうまくいくはずだ」という思い込みへの戒《いまし》め**ですが、人は成功体験を手放すのには不安を感じるものです。その結果、運を逃すことがあっても、気づかぬままに古いやり方に固執します。

特に一度、そのやり方や考え方で大きな成果を得た人ほど、別の方法を選ぶことはリスクが高いと考えるようになります。

第1章の5つの真実で触れたように、人は「自分の思い込みに合致した情報だけを集め、合致しない情報は無視する傾向」があり、成功した方法でもう一度うまくいくはずだと信じるからです。

ノース・ダコタ大学の心理学者ジェフリー・ウェザーレイは、こんな実験を通じて「守株」が現代人の心も縛っていることを証明しました。

彼は被験者となる大学生を集め、スロットマシンで遊んでもらい、儲《もう》けは現金で支払うと告げます。ただし実験には、被験者への秘密の仕掛けが1つありました。

スロットマシンには、大当たりが出るマシンと中程度の当たりしか出ないマシンの2種類が用意されていたのです。

大当たりが出るビッグウィンマシンでプレーした人と、中程度の当たりしか出ないスモールウィンマシンをプレーした人。双方が一定時間プレーした後、被験者には「実験を終了します。この後は、ご自由にスロットマシンで遊んでもらってもかまいません」と伝えられました。

実はここからが実験の本番で、研究チームがチェックしていたのは、被験者が「実験終了」と告げられた後に、どれくらいスロットマシンで遊び続けるのかということです。

すると、スモールウィンマシンで遊んでいた被験者たちは、平均して58回でプレーをやめました。

一方、ビッグウィンマシンで遊んでいた被験者たちは、平均して切り上げるまでに72回プレーしました。

ウェザーレイは、**一度大きく勝つ興奮を味わった人たちは、冷静さを欠いてギャンブルをやめられず、大勝ちしたときのやり方が絶対だと思い込む傾向がある**と結論づけ、これを「ビッグウィン仮説」と名づけました。

## 過去の成功体験はまやかしだと思え

ビッグウィン仮説が示した精神状態に陥ると、人は過去の幸運に縛られ、目の前の運＝成果を逃していることに気づきません。

しかも、大勝ちしたときのやり方から離れることに強い不安を感じ、何度も同じ過

ちを繰り返すことになるのです。

これはギャンブルに限らず、経済活動やキャリア形成にも当てはまります。好景気だった時期の手法、自分が若く上り調子だったときの仕事のやり方にこだわり、現在の自分の首を絞めるような状況に陥るケースは少なくありません。

**偶然起こった成功パターンを過信する最大の問題点は、本人の直感を曇らせることにあります。**

運のいい人と運の悪い人を比較した研究では、運のいい人が運の悪い人に比べ、経済上の決断、キャリアの選択、仕事の決断、対人関係のいずれの面でも、直感を重視していることが明らかになっています。

「なんとなく、これを選んだ」
「なんとなく、行きたくない」

こういった直感は虫の知らせのようなもので、実際にはほとんど役に立たないと考える人もいるでしょう。

しかし、私たちの直感は、脳がそれまでの人生でインプットしてきた経験や学習のデータベースから無意識に手がかりやヒントを見つけ、そっと教えてくれる答えだと言えます。

たとえば、将棋や囲碁のプロ棋士の直感を裏づけているのは、膨大な量の専門知識と繰り返してきた対局の経験です。

同じように、**あなたの「なんとなく」という感覚にも、過去の経験の蓄積からくる根拠や裏づけがあるわけです。**

ところが、強烈な成功体験はそういった過去の経験を上書きしてしまい、1つの手法が正しいという思い込みにつながります。

大切なのは、**大きな成功をした後にこそ、冷静になることです。**状況に応じて、新たな行動を起こせる人。不安を乗り越え、別の道を選ぶことができる人。なんとなくという直感を信じて決断できる人。こうした人に幸運は舞い込みます。

成功への近道だと思い込んだ1本道から外れようとすると、大きな不安を感じるはずです。

だからこそ、ビッグウィン仮説に代表される成功体験は、まやかしであると切り捨てる勇気を持ちましょう。

5

# 人生のコントローラビリティを高める

「コントローラビリティ」とは、コントロール＋アビリティ。つまり、コントロールできる能力という意味です。

実は、**人間の感じる幸福度は、「人生を自分でコントロールできている」という感覚に比例することがわかっています。**

それも自分自身が成長している、自由度が高まっているという実感を得られる方向に人生のコントローラビリティを発揮しているとき、人は最も幸せを感じるのです。

アポロ12号で宇宙に行ったアラン・ビーンという宇宙飛行士がいます。彼の育った家には経済的な余裕がなく、大学で航空工学を学ぶためには海軍から奨学金を得るしか道がありませんでした。

ビーンは人一倍努力し、奨学生に求められる能力を磨いていきます。

しかし、試験の当日になって、難易度と倍率の高さから不安になったビーンは、「自分に才能がないことを思い知らされるくらいなら、行かないほうがまし」と自室に閉じこもりました。

もし、彼が毛布をかぶってベッドから出なければ、宇宙飛行士への道を歩むことはありませんでした。運命を変えたのは、彼の母親です。ビーンの努力を間近で見ていた母は部屋をノックし、渋る息子を車に乗せて試験会場へ連れて行ったのです。

結果、ビーンはテストに合格。テキサス大学で航空工学を学び、厳しい競争を勝ち抜き、海軍のテストパイロットとして働いた後、ＮＡＳＡ（アメリカ航空宇宙局）で宇宙飛行士の候補となります。

そして、アポロ12号の月着陸船のパイロットとして月に向かい、人類で４番目に月面に降り立つことになったのです。

彼の母親が息子の人生に大きく介入したのは、試験の日が最初で最後でした。あの日、不安からチャンスを逃そうとしていたとき、ドアを強引に開け放った人がいてくれたことで、彼は月へ行くことができたのです。

宇宙飛行士として名を成した後、ビーンは「あなたは才能に恵まれて、うらやましい。私はそうではないから……」と言われるたび、「僕が他人より優れていると自負してきたのは、努力する力だけ」と語っています。

部屋をノックし、強引に試験を受けるよう促してくれた母親の行動が、彼の幸運の始まりだったようにも見えます。しかし実際には、その前後の本人の努力があってこその成功です。

**彼は宇宙飛行士という選択肢に向けて、自分自身をコントロールすることで最高の成果を得たのです。**

ビーンのような成功例は特殊だと思われるかもしれません。しかし、その人を取り巻く環境や条件、進んでいく方向は異なっても、何かに挑み、自分を動かしたという経験がもたらす幸福感は価値のあるものです。

## 一歩を踏み出す勇気を養うための夜の習慣

ところが、ここでも不安が邪魔をします。

なぜなら、何かに挑戦しようとするとき、先行きの見えない不安から「ムリかもしれない」「恥をかくかもしれない」と二の足を踏む心理が働くからです。

一歩を踏み出すよりも、安心できる場所にとどまっていたい。毛布をかぶっていたビーンのベッドのように、人にはその場にいればストレスやリスクを最小限にとどめることのできる「コンフォート・ゾーン」があります。

そこにいることは居心地のいいものですが、変化は乏しく、運／不運で言えば、いずれ不運を招くことになります。**コンフォート・ゾーンはあなたの成長を妨げ、長く居続けるほど、そこから出ることを恐れて不安感を高める傾向があるからです。**

こうした不安を遠ざけ、人生のコントローラビリティを高めるきっかけとなる手法が「スリー・グッド・シングス」です。

やり方は簡単です。1日の終わりに「今日よかったこと」を3つ挙げてノートやメモに書き出すだけです。

たとえば、「気になっていたカフェに初めて入った」「書店でおもしろい本と出合った」「異動先の先輩と世間話をして距離が縮まった」など、どんなに小さなことでもかまいません。ただし、新しい経験や自分なりの発見など、コンフォート・ゾーンの外に目を向けた出来事であるほうが効果的です。

1日に3つ、あなたが未来に向けて起こした前向きな行動を確認すること。これを1週間続け、今週のベスト・グッド・シングス、今月のベスト・グッド・シングスを選んでいきましょう。

そうやって一定期間、ノートやメモに書き出しているうちに、「◯曜日にはいいことがある」「◯◯さんと一緒にいると、いいことがある」といったことにも気づきます。**それが1日、1日への期待値を高め、あなたの脳は「グッド・シングス」を探すようになっていくのです。**これこそまさに、不安を遠ざけた状態。行動し、発見することが増えていき、人生をコントロールしている感覚が得られるはずです。

世界有数の経済誌『フォーブス』に載るような大富豪たちは共通して、「なぜ、お金持ちになりたかったのか?」という質問に、「自由になりたかった」と答えています。「お金があれば幸せになれるとは思わないけれど、お金があれば自由になれると思ったから努力した」と。彼らは、お金によって人生のコントローラビリティを高め、幸せを実感しようとしたわけです。

第1章で、宝くじの高額当選者が不運に見舞われていく事例を紹介しました。自分

ではコントロールすることのできない運によって得たお金は、人生のコントローラビリティを高めません。

自らの行動によって手にしたお金と、転がり込んできたお金では、同じお金でも人生に与える影響は大きく異なります。

運のいいことが人を幸せにするのではなく、**不安に強くなり、人生をコントロールしている実感の中でつかんだ運が、あなたを幸せにしてくれるのです。**

*Chapter 4*

# 試行回数を増やす7つのテクニック

## 運を味方につけるための正しい努力とは？

周りから「あの人は運がいい」と思われている人は、運だけに頼らず、自分自身の手で成果を出すための努力をしています。

第1章で、大好きなアーティストの貴重な来日公演のチケットを取るために、努力して当選する確率を上げる人と、神頼みや運頼みだけで何もしない人の例を出しました。

現実には、どちらの人もチケットが当たらない可能性もあります。また、神頼み、運頼みの人が偶然、チケットを当てることもあるでしょう。

では、努力して当選する確率を上げた人の起こしたアクションは、無意味だったのでしょうか。

私はそうは思いません。

もし、あなたが次の機会に1枚のチケットを誰かに手渡す権利を持っているとしたら、どちらの人を選ぶでしょうか。

おそらく、努力して当選確率を上げていた人を選ぶはずです。

なぜならあなたは、その人が本当にそのアーティストの公演を見たいと熱望し、周囲の人たちに協力を頼み、チケットを取るために駆け回っていたのを知っているからです。

**すべての努力が夢を叶えるとは言いませんが、起こした行動は確実に現実を変化させます。**

神頼み、運頼みでチケットが当たるのを待っていた人が、どれだけその公演に行きたがっていたとしても、その事実を知る人はほかにいません。

一方、ときには厚かましいと思われながらも、チケットを手に入れるために奔走した人は、比較にならないくらい多くの人と接触し、「どうしても、そのアーティストの公演に行きたい!」という気持ちを伝えています。

その種まきが、次の機会にチケットが余ったとき、「あの人に譲ってあげよう」という幸運を呼び寄せるのです。

**運のよさというのは、単なる偶然ではなく、努力によって確率を高める行動によっ**

**てコントロールすることができます。**

第3章では、運を操る1つ目のステップとして、不安に強くなることで行動力を上げることを学びました。

続く本章では、2つ目のステップに入ります。それは、向上した行動力でチャレンジする回数＝試行回数を増やすこと。何度も試しながら、行動が成果につながる精度を高めていくことです。

そう考えると、**運のよさの正体とは、粘り強さのことだとも言えるでしょう。**

運がいい人ほど気長にチャンスを待ち、試行回数を増やし、同時に精度を高めるという努力を続けて、すぐに見切りをつけずにじっくりと観察して本質に迫ろうとします。

宝くじやパチンコといったギャンブルを除き、人生における運のよさは、単なる確率の問題ではなく、集中力と自己コントロールによってたぐり寄せることが可能なのです。

そのために紹介するのが、「試行回数を増やす7つのテクニック」です。あなたが物事にチャレンジする回数を増やす方法をお伝えしましょう。

1

# 「アズイフの法則」で幸運な人になりきる

ここまで私は、運／不運のとらえ方をつかんでもらうために、幸運のブレスレットなど、ラッキーアイテムを買うこと、身につけることに対して、何度も否定的な見方を示してきました。

しかし、この手のラッキーアイテムがいっさい役に立たないわけではありません。取り扱い方によっては、試行回数と精度を高める効能が得られます。

ドイツのケルン大学で行われた研究に、ゴルファーを対象に「このボールは幸運のボールだ」とボールを渡されたプレイヤーは、そうでないプレイヤーに比べてパットの成功率が35％高くなったという結果があります(5)。

これは、「幸運のボールである」という前向きな思い込みによって自信がつき、パットの精度が高まったことを示しています。

ところが、パットを成功させた同じプレイヤーに対して、「この現象はあなたの思い込みが原因でした」と明かした途端、パットの成功率は以前と同じレベルまで低下しました。

思い込みで運がよくなるのは、ラッキーアイテムによって被験者の自尊心と自己効力感が高まり、パフォーマンスが向上したからであると結論づけられています。

別の研究では、ラッキーアイテムを与えられた被験者は、試行回数が増していく傾向があることもわかっています。

運がいいと思っている人は、「自分は運がいいから、いつかきっとチャンスをつかめる」と信じて行動しています。その結果、試行回数が増え、**成功を信じているからこそ失敗しても再チャレンジすることができ、自信を持って行動するので精度も高まるわけです。**

その行動力を支えているのが、自尊心と自己効力感です。研究で使われたラッキーアイテムは、きっかけの1つに過ぎません。

ポイントは、「運のいい人」たちが備えている自尊心や自己効力感を追体験すること。それが、この研究の狙いです。

買ったから幸運になる、身につけたから幸運になるとラッキーアイテムに頼っても、何の意味もありません。そうではなく、**ラッキーアイテムをきっかけに行動に移ることです。**

その経験を通じて、「運のいい人」たちが備えている自尊心や自己効力感を知ることに意味があります。

言わば、「運のいい人」になりきるきっかけとして、ラッキーアイテムを利用するということです。

## 幸運になりたければ幸運であるように振る舞え

私の場合、科学的なアプローチを大切にしているので、やはりラッキーアイテムには抵抗感があります。

運がよくなるブレスレットと言われても、「いやいや……」と否定してしまうので、信じ込んで行動を起こすまでに至りません。

しかし、**お気に入りの物を身近に置いて、自尊心と自己効力感を高めることは日常的に実践しています。**

私は青色が好きなので、青いアイテム、ペンやブックカバー、服などがいつも身近にあります。

新しい青いデザインのペンを買えば、何かを書きたくなります。

青いブックカバーをつければ、その本を読みたくなります。

青い服を着たら、外に出かけたくなります。

そんなふうに私にとっては、青いアイテムがここで言う試行回数を増やすラッキーアイテムとなっているわけです。

第2章でも触れたリチャード・ワイズマン博士が行った運に関する研究によると、**運のいい人たちは「自分が幸運だと思える証拠を集め、思い込みを強化している」ことがわかっています。**

そしてワイズマン博士は、心理学の世界では古くから知られていた「行動が感情をつくる」という理論に着目しました。

そして、笑うからよりおかしく感じる、泣くからより悲しくなる、という考えを発展させ、「アズイフの法則」にまとめています。

アズイフの法則とは、英語の as if～（まるで～であるかのように）のとおり、「○○になるには、○○であるかのように行動すればいい」というもの。

つまり、**「幸運になりたければ、まるで幸運な人であるかのように行動すればいい」「運のいい人になりきって行動することで、幸運な状態に近づける」**ということになります。

ラッキーアイテムを信じた状態での行動が、運のいい人たちと同じ結果を生むならば、ラッキーアイテムの力を借りて何かにチャレンジしてみる。

お気に入りの物が自己効力感を高めるならば、それを日常生活の中にうまく活用していく。

そんなやり方によって、「運のいい人」たちの物事のとらえ方を感じ取ることがで

きます。

また、そうした意味では、このアズイフの法則を含め、「試行回数を増やす7つのテクニック」はいずれも、運のいい人を真似し、なりきりながら行動していくテクニックでもあるのです。

## 2

# 「ピグマリオン効果」で期待を現実の力に

「この人は私を信じてくれている」

この思いが心の中に芽生えたとき、人は「その信頼に応えたい」「信頼してくれた人に報いたい」という気持ちになり、実際に行動に移すことができます。人は期待を集め、期待に応え、期待をばらまき成功するからです。

こうした人間の行動原理を心理学的に証明したのが、アメリカの教育心理学者であるロバート・ローゼンタールです。

彼が1960年代に発表した「ピグマリオン効果」は、期待と行動と成果に関する基本的な仕組みとして、教育やビジネスの現場で活用されています。

ピグマリオン効果とは、簡単に言うと**「人は期待されると、その気持ちに応えるような行動を取りやすくなる」**というもの。

ローゼンタールは研究室のマウスを使った実験の際、学生に「このマウスは利口なマウスの系統。こちらのマウスは動きが鈍いマウスの系統」と伝え、迷路による実験結果の差を調査しました。

すると、実際のマウスの動きには大きな差がなくとも、学生たちは「利口なマウス」の実験結果がよかったと報告することに気づきました。

そこで、ローゼンタールはこの実験の舞台を小学校に移し、「ハーバード式突発性学習能力予測テスト」というテストを行います。ただし、このテストはダミーのようなもので、内容に特別な意味はありませんでした。

その事実を隠し、子供たちを教える教師たちに「今後、数カ月間に成績が伸びていく子供を割り出すためのテストである」と説明をしたのです。

テスト終了後、ローゼンタールはその点数とは関係なく、無作為に子供たちをピックアップして「成績の伸びる可能性の高い子供たちのリスト」を作成。教師たちにリストに載った子供たちに目を配るよう伝えました。

すると、**教師の期待を受けた名簿の子供たちは学習意欲が高まり、勉強する時間が増え、実際に成績が伸びていきました。**つまり、人はポジティブな期待を感じ取ると、その期待を現実化するための行動をしやすくなるのです。

そして、**このピグマリオン効果は自分自身にかけることもできます。**

ポジティブ心理学を説く本では、よく「自分を信じろ」というアドバイスを目にしますが、これは自分にピグマリオン効果をかけていくことを意味します。

具体的な方法としては、目につく場所に「自分ならやれる」などの言葉を紙に書いて貼り出しましょう。トイレや玄関など、自然に視界に入る位置に貼っておけば、無意識に暗示をかけることができます。

## ポジティブ脳に生まれ変わるSNSの活用法

また、ＳＮＳを使って発信するのも有効です。

私もツイッターでポジティブなツイートを行うよう心がけていますが、あそこにつづっていく言葉はフォロワーさんたちへのメッセージであると同時に、自分自身へのピグマリオン効果も意識しています。

「遺伝子レベルで考えれば、あなたがあなたとして生まれる確率は３００兆分の１だ。

あなたはこの世にいるだけで貴重な存在なのだ。せっかくなら、３００兆分の１の個性を活かした仕事につき、趣味を楽しみ、自分に合う友達と付き合い、徹底的に自分らしく生きよう。世間の目を気にする必要など全くない」

こうしたメッセージを自分に向けて発信することで、脳内に神経ネットワークができあがり、**本気でその言葉を実現しようという行動に移ることができます。**

特に、自分に自信が持てない人、マイナス思考に陥りがちな人は試してください。試行回数を増やすきっかけをつかむことができるはずです。

ピグマリオン効果を使って、実際に試行回数を増やすためのトレーニングを紹介します。**ポイントは、日常のささいな選択から冒険し始めるところです。**

たとえば、ランチに行くとき、これまで入ったことのない店に入ってみる。そのリスクを背負いたくないなら、いつもの店でいつも頼むアイスコーヒーを、頼んだことがないブルーベリーヨーグルトジュースに変える、といった冒険でもかまいません。

ここまで読んで、あなたは思ったかもしれません。「新しいことにチャレンジしなさいってことね」と。

たしかに、ここまではよくある話。大事なのはこれからです。

どんなに小さな冒険でも、やってみると意外とよい結果になる場合と、そうでない場合があります。そこで、**冒険してよかったと感じたときのことをノートにメモしておくのです。**

たとえば、普段はアイスコーヒーばかり頼んでいたけど、ブルーベリーヨーグルトジュースが意外と甘ったるくなく、スッキリしていてよかった。カフェインを取り過ぎる自分には、健康的にもいいかもしれない、と。

反対に、いまいちの結果のときのことは残しません。チャレンジした自分を心で褒《ほ》めるまでにとどめて、結果についてはさっさと忘れてしまいましょう。

すでに紹介した「スリー・グッド・シングス」にも似ていますが、こちらは毎日つづる必要はありません。あなたが具体的に起こした行動にフォーカスして、よい感じが残ったときだけノートにまとめましょう。

このトレーニングはやればやるほど、あなた自身が冒険することによって成功した事例がノートにたまっていきます。

すると、**「冒険するといいことが起こる、成功する」という記憶が脳に刻み込まれ、行動を起こすことへの恐怖を抑えることができ、試行回数が増えていくのです。**

第3章で紹介した「チャーリー・マンガーの失敗ノート」は、他人の失敗を客観的につづるノートでしたが、こちらはあなた自身の成功体験をまとめる成功ノートです。

この方法は続ければ続けるほど、あなたの試行回数を増やします。

## 3

# 「プレ・パフォーマンス・ルーティン」を行う

運のいい人は、なぜいつも落ち着いて見えるのでしょうか？

スティーブ・ジョブズと言えば、世界で最も魅力的なプレゼンテーションを展開する人物でした。堂々とした立ち居振る舞い、ユーモアがありながら刺激的なスピーチ。多くの人は、そのパフォーマンスを天性のセンスによるものだと思っているかもしれません。

しかし、ジョブズは何週間も前から舞台に立つ準備を始め、プレゼンテーションを行う製品や技術について学び、本番前には綿密に仕上げた構成に従って本番とまったく同じリハーサルを繰り返しました。

革新的なプレゼンテーションで世界を湧かせてきた彼は、日々のルーティン（決まっている手順）をとても大切にする人でもあったのです。

たとえば、公の場に出るとき、ジョブズはいつも同じ服装でした。

ISSEY MIYAKEの黒のタートルネックに、色落ちしたリーバイスの501、足元はグレーのニューバランスのスニーカー。
1日の始まりには、「もし今日が人生最後の日だとしたら、今日やる予定を私は本当にやりたいだろうか？」と問いかけます。
こうした準備が、ジョブズにとっては圧倒的な行動力を発揮するための「プレ・パフォーマンス・ルーティン」だったのです。
プレ・パフォーマンス・ルーティンとは、**スポーツ心理学の用語で、本番の前により良好なパフォーマンスを生み出すために行う準備を指します。**そこには、行動を促すだけでなく、精度を高める効果もあるわけです。

そのやり方はさまざまで、決まった方法があるわけではありません。

舞台に出る前に目を閉じ、5回深呼吸してから右足を踏み出すという動作をプレ・パフォーマンス・ルーティンとしている役者もいれば、毎朝のラジオ体操が診察前の習慣になっているという医師もいます。

行われる動作が、その後のパフォーマンスの内容と直接関係なくとも効果のあることは、次のような実験でも明らかになっています。

ハーバード大学で行われた実験では、対象となった学生に「人前で歌を歌ってください」とリクエスト。参加する学生は、次の2つのグループに分けられました。

・研究者が決めたプレ・パフォーマンス・ルーティンを実践してから歌う
・何もせずに歌う

ちなみに、研究者が決めたルーティンの動作は、「いまの感情を絵に描いてみる」「その絵に塩をふりかける」「5秒数える」「紙をくしゃくしゃに丸めてゴミ箱に捨てる」というもの。

歌うのが恥ずかしいと感じていれば、「恥ずかしい感情」を絵にして、塩をふりかけ、5秒後に丸めて捨てるというわけです。

実験の結果を見ると、効果は明らかでした。

何もせずに歌ったグループが緊張から声が出ないなど散々な状態だった一方で、**プレ・パフォーマンス・ルーティンを実践したグループは堂々と歌いきり、なおかつ緊張度を示す血圧も低いままでした。**

## 良い結果が出やすくなるとハーバード大学で実証

プレ・パフォーマンス・ルーティンが効果を発揮するのは、2つの理由からと考えられています。

1つは、常に決まった手順を行うことで、行為への不安よりも、自分が行うことに注意力が向かうためです。もう1つは、「不安をゴミ箱に捨てる」といった儀式によって、自分自身の気分や行動をうまく管理できるようになるからです。

緊張状態にあるとき、人は自分のコントロールできないことを意識して、自分自身のペースを乱しがちです。しかし、**ルーティンを通じて自分がコントロール可能な行**

**動に意識が向くので、緊張が薄れ、自己をコントロールする力が高まります。**

結果的に、自信を持って本番に臨めるようになり、よい結果が出やすくなります。積み重ねた小さな成功体験が、行動を起こす心理的ハードルを下げるわけです。

では、自分なりのプレ・パフォーマンス・ルーティンを作るには、どうしたらいいのでしょうか。大切なのは、試行錯誤を繰り返して、自分に合ったやり方を見つけることです。

たとえば、私はアイデアを練るような仕事のときは、作業に取りかかる前に、集中を邪魔する原因となる本やノート、パソコン、スマホなどを手持ちのバッグや机の引き出しなどにしまい、視界から隠すことをルーティンにしています。

ただし、このやり方も当初は、資料として参照できるから本は残そう、思いついたことをすぐにメモできるようノートだけは出しておこうなど、試行錯誤しながらたどり着いたものです。

大事な場面では「いつもと同じ動作」を行うことによって、自分の試みが成功するイメージを持てるので、心を落ち着けて作業に臨むことができます。

ルーティンの動作は、どんなものでもかまいません。大きく息を吸って肩から力を抜く、頬をパシッとたたくなど、集中するイメージに合った動作を1つ決めるといった方法もいいでしょう。

そのうえで、普段からその動作が体になじむように心がけます。

ほかの似たような場面でもルーティンを実践することで、たとえば、会議の前やプレゼンの前に落ち着きを取り戻すこともできるようになります。

プレ・パフォーマンス・ルーティンで重要なのは、**行うルーティンそのものではなく、やったことで落ち着いて成果を出せたという成功体験の積み重ねです。**

そのため私も今後、もっと集中しやすく、いいアイデアが出る方法が見つかれば、ルーティンを更新していきます。

いろいろな動作を試し、成果の出たパターンをルーティンとして定着させていきましょう。

4

# レジリエンスを高める

運のいい人たちは、成功するまでチャレンジをやめないように見えます。しかし、**試行回数を増やそうとするとき、障害となるのが失敗経験です。**

チャレンジしてみたものの、うまくいかなかったというストレスは、次の行動に移るモチベーションを低下させます。かといって、絶対に失敗しない新たなチャレンジの方法もありません。

試行回数を増やそうとすればするほど、失敗の回数も増えていき、そのダメージによってモチベーションが上がらなくなり、試行回数が減っていく……。このジレンマを乗り越えるために役立つのが、レジリエンスを高めることです。

レジリエンスはもともと、「反発性」や「弾力性」を意味する物理で使われる専門用語でした。

その作用が注目され、心理学の分野でも使われるようになり、**ストレスや重圧がある状況でも、柔軟に対応し、失敗や困難を乗り越えていく力**という意味で使われてい

ます。

レジリエンスが低い人は、1回失敗しただけで「うまくいかないだろう」「こんなにつらい気分になるのはゴメンだ」と、チャレンジすることをあきらめがちです。

一方、レジリエンスが高い人は何回もチャレンジを続けます。

つまり、レジリエンスの高い人とは、簡単に言うと「失敗からの立ち直りが早い人」のこと。**立ち直りが早いから、何度もチャレンジできるのです。**

逆境や困難に対する打たれ強さは、持って生まれた性格の占める部分が大きいものですが、**レジリエンスは後天的にトレーニングで**

**鍛えることができます。**

レジリエンスは失敗を避けるためのものではありません。失敗してもすぐに立ち直れる自信をつけ、失敗を恐れず前進し、成長し続けていくための能力なのです。

これは、打たれ弱い人でも、立ち直りの早さを習得できることを示しています。その際に最も重要なことは、失敗や挫折をしたときの感情のコントロールです。

## 失敗や挫折の恐怖を打ち払うトレーニング

レジリエンスのトレーニングとしては、ポジティブ心理学の始祖でペンシルベニア大学の教授マーティン・セリグマンをリーダーとするグループが研究、開発した「ペン・レジリエンシー・プログラム」が有名です。

トレーニングの柱となっているのは2つです。1つは、失敗や挫折をしたときの感情を把握し、コントロールするトレーニング。もう1つは、失敗や挫折をした後にやってくるネガティブな感情を打ち払い、立ち直り、行動しやすい心理状態を作り出すトレーニングです。

## トレーニング1 「筆記開示」で感情のラベリングをする

失敗や挫折をした後にネガティブな感情を持つのは当然のこと。大切なのは、その気持ちをそのままにせず、「見える化」することです。

「また仕事で同じミスを繰り返してしまった。残念すぎて落ち込む」
「ささいなことで、彼女とケンカして険悪な雰囲気に。モヤモヤする」
「ダイエット中なのに、飲み会の後にラーメンを食べてしまった。誘惑に弱すぎる」

ノートやメモ帳、スマホのメモ機能でもかまいません。あなたが抱いた感情を言葉にして書き出しましょう。

この「筆記開示」というプロセスを踏むことで、「なんとなく不安」「なぜかムカムカする」「ぼんやりと落ち込む」「立ち直れる気がしない」といった曖昧なネガティブ感情が、具体化・客観化されます。

なぜ、自分がいまモヤモヤしていて、どんなネガティブな考えにとらわれているのか。それを知ることが、自分の感情をコントロールして、立て直していくファーストステップとなります。

## トレーニング2 3つの行為でネガティブな感情を打ち払う

人がネガティブな感情にとらわれ、落ち込むのは自然なことで、予期して避けられるものではありません。レジリエンスを高めるために大切なのは、ネガティブな感情の到来を防ぐことではなく、いかに打ち払うかにあります。

平たく言えば、気晴らしの方法を身につけていくことが重要です。

心理学の研究によって科学的な根拠があるとされている気晴らしの方法は、3つあります。「運動」「筆記開示」「ヨガ・瞑想《めいそう》」です。

このうち、筆記開示はトレーニング1で紹介したとおり、具体化・客観化で立ち直りのきっかけとなります。

その他の「運動」「ヨガ・瞑想」はいずれも、行動を促すホルモンを分泌させることがわかっています。「運動」は本章で、「ヨガ・瞑想」については次章で詳しく解説していきます。

そして、**レジリエンスを支えているのは、自己肯定感です。**

失敗や挫折を経験した後でも、最終的に「ありのままでいい」という自分を大切にする気持ち、自分を受け入れる感情があれば、人は必ず立ち直ることができます。

この自己肯定感は子供の頃から備わったもので、認められた経験、褒《ほ》められた経験など、さまざまな経験によって育《はぐく》まれていきます。また、**大人になってからも、自分を肯定できる出来事を重ねることで成長していきます。**

つまり、レジリエンスの根底にある自己肯定感をメンテナンスするようなトレーニングも、レジリエンスを高めるために役立つわけです。

たとえば、「今週はこの本を読み終える」「今月は一駅ぶん歩いてみる」「筆記開示を実践してみる」など、自分で小さな目標を掲げ、実行していきます。そして、目標を達成したら、できた自分を褒めてあげましょう。

それが自分の中にある自己肯定感を育て、ひいてはレジリエンスを高めるのです。

## 5
# 「ビッグ・ファイブ理論」を戦略的に活用する

運のいい人、行動的な人の振る舞いを学ぶことで、試行回数を増やすという方法を紹介します。

第1章でも簡単に触れましたが、長期間にわたる研究によって心理学の世界では、人間の性格は5つの特性「ビッグ・ファイブ」の強弱と、その組み合わせによって説明できると考えられています。

興味のある人は、インターネットで検索し、簡易診断ツールを試しましょう。私が監修した、ビッグ・ファイブのわかるスマホアプリもあります（メンタリストＤａｉＧｏ―超性格分析― 究極の相性診断）。自分の意外な個性を発見することができるかもしれません。

そして、運の研究をしたワイズマン博士は、運のいい人と悪い人の性格を、この5つの特性に基づいて分析。運のいい人と悪い人の間で、どんな違いが出るかを調べました。そして、意外な関連性を見出したのです。
まずは、ビッグ・ファイブの5つの特性について紹介します。

**【協調性】**

協調性は、共感能力やチームワークと言い換えることができます。周囲の人たちをどれだけ思いやれるか、歩調を合わせて進むことができるか。チームで物事を成していく性質の高低を示すのが、協調性です。

**【誠実さ】**

誠実さは、目の前で起こった出来事、定められた目標に対して、どう対応していくかを示します。誠実性、勤勉性、継続性、真面目さなどと言い換えることができます。

**【外向性】**

周囲の人たちとの関わりや新しい出会いなど、ポジティブな出来事に対してどう反応するかを示すのが、外向性です。社交性や積極性と言い換えてもいいでしょう。外向性が高い人は、饒舌《じょうぜつ》で活動的です。

外向性が低い人は、人見知りの傾向があり、大人数が集まる場では寡黙になりがち。ただし、人との関わりそのものが苦手かと言うとそうではなく、さみしがりなのは外向性の低い人たち。つまり、相手と気心が知れるまで時間がかかるということです。


**【神経症的傾向】**


不安になるようなトラブル、プレッシャーのかかる仕事やテストなど、ネガティブな出来事に対してどう反応するかを示すのが、神経症的傾向です。ストレス耐性と言い換えてもいいでしょう。

神経症的傾向の強い人はネガティブな出来事に遭遇した際、動揺しやすい傾向があります。これは人よりも優れた感受性を備えているためで、独特の発想力、繊細な気配りのできる性質とも言えます。

逆に、神経症的傾向の弱い人は物事に動じず、冷静に判断を下せる一方で、自分に近づく危険に気づくのが遅いという面も持っています。

**【開放性】**

まだ見ぬ新しい世界に対して好奇心を持ち、行動に移すことができるかなど、想像力、行動力、感受性を示すのが、開放性です。

このレベルが高くなればなるほど、感性を刺激する創造的なもの、抽象的なもの、芸術的なものへの関心が強くなっていき、逆に低ければ低いほど、安定志向で保守的な性質が表に出てきます。

この5つの特性のうち、**運のいい人と悪い人の間で大きく違いが出たのは、「外向性」、「神経症的傾向」、「開放性」の3つだけでした。**

協調性と誠実さに関しては、運のいい人も悪い人も変わりがなく、大きな差があった残りの3つの性格特性の中で最も際立っていたのが、外向性です。

基本的に、幸運やチャンス、新しい視点は人からもたらされるものです。月に2～3人と「初めまして」の挨拶を交わす人と、月に100人と「初めまして」と会う人を比べたら、明らかに後者に多くの情報が集まってきます。

外向性の高い人は、古くからの友人知人と月に1回程度のペースで定期的に集まる習慣を持ち、まったく新しいコミュニティに顔を出すことにも積極的です。

また、人と向き合ったとき、笑顔で接し、相手の話を聞くときのうなずきの回数が多いこともわかっています。

こうした傾向があることで、外向性の高い人はワイズマン博士の言うところの「対人関係の磁石」となって、人的ネットワークを広げていくのです。

## 内向的でも人とのつながりを増やせる秘策

ある社会学者の研究によると、人間は平均して300人程度のファーストネームをすぐに思い出せると言います。

たとえば、あなたが出向いていった仕事先での会合や仲間内での飲み会などで、Aという人物に出会ったとしましょう。

そこで、「初めまして」と挨拶を交わしたAさんの頭の中には、300人のファーストネームで呼び合う知り合いがいます。あなたがAさんの300人のうちの1人になれば、Aさんの知人であるBさんとどこかで出会ったとき、「ああ、Aさんから聞いています」と一気に打ち解けやすくなるはずです。

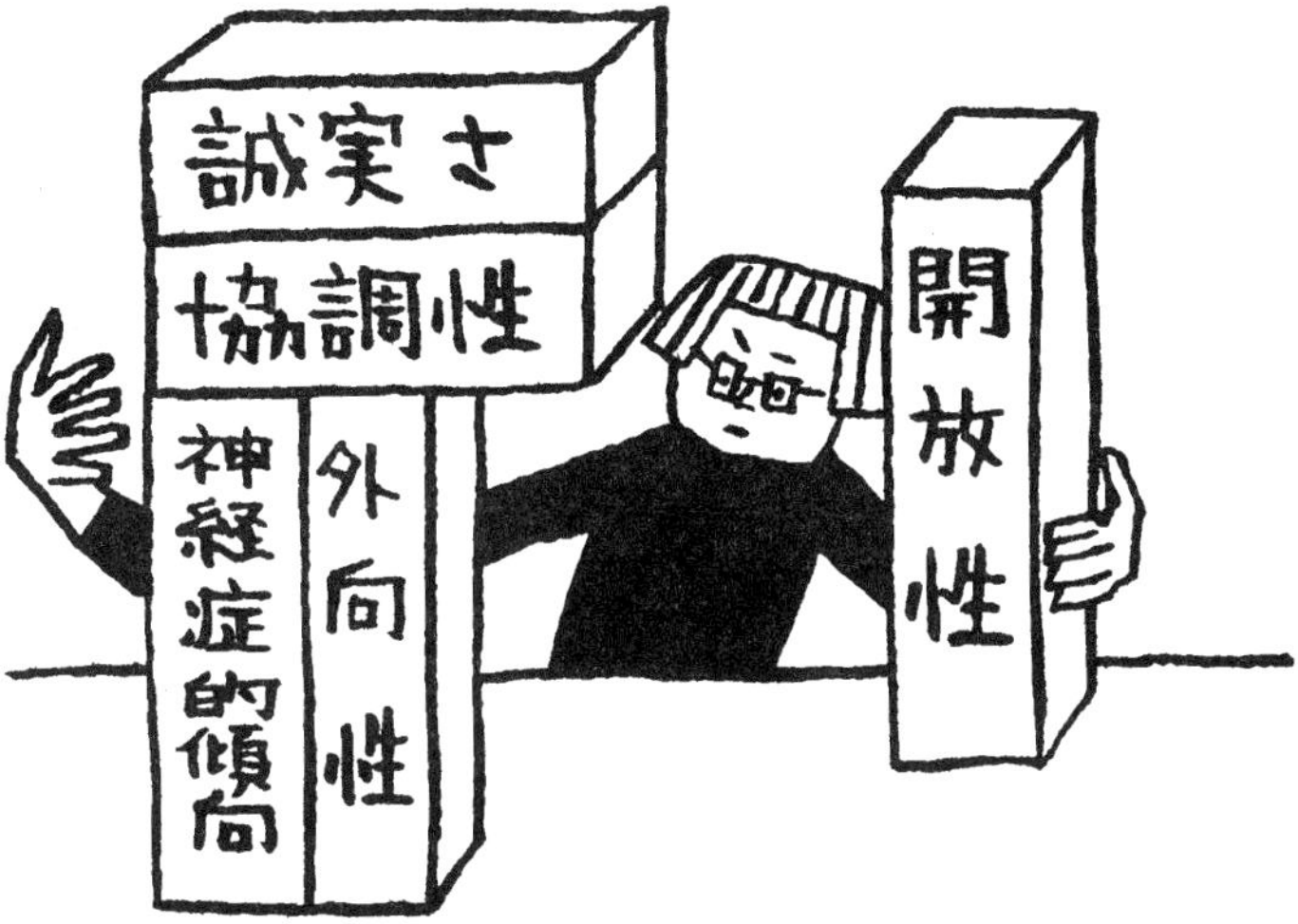


つまり、あなたはＡさんと仲よくなることで、その向こう側にいる３００人とすぐにつながれる距離まで近づいたことになるのです。

そして、**集まる情報が多ければ、そこに幸運やチャンスにつながるヒントがまぎれている可能性も高くなります。**

外向性が高い人はそれだけで、試行回数が増えた状態にあるわけです。

ただし、「自分は人見知りだし、外向性は低いと思う」という人も落胆しないでください。

私は実際にビッグ・ファイブの診断テストを受け、外向性の値が低いことを確認しています。

それでも、やり方によってはじゅうぶんに、外向性の高い人と変わらない人とのつながり＝試行回数が多い状態を作ることができます。

それは、友達の多いタイプの人（外向性の高い人）を狙って友達になっていくという方法です。私は学生時代から、クラスの人気者やスポーツ系、文化系でキーマンとなっている同級生と近づくようにしていました。

友達の数は少ないですが、その厳選された友達の向こう側にたくさんのネットワークが広がっているので、結果的に多くの情報が集まってくるという仕組みです。

こうした考え方には、不快感を抱く人もいるかもしれませんが、**性格特性の強弱は誰しもあります。その弱点を補うためには、戦略が必要なのです。**

外向性の高い人のやり方、外向性の低い私のような人のやり方、どちらの手法でも、性格特性の外向性と運の関連性を意識して行動することで、運を操る感覚を実感することができます。

では、外向性を利用して、幸運やチャンスを運ぶ情報を集めたとして、それをどう生かしていけばいいのでしょうか。

その次なるステップに関係してくるのが、神経症的傾向と開放性です。この2つの性格特性については、次章の「気づく力を鍛える5つのテクニック」で詳しく触れていきます。

また、「自分には運のいい人が備えている性格特性が足りない」と思って落ち込む必要はありません。

真似ることで行動力が上がることを解説した「アズイフの法則」と合わせることで、自分の性格特性を生かしながら、行動を変化させていくことができます。

# 6

# 「恥さらしトレーニング」で対人不安を消す

先ほど、多くの人とのつき合いが苦手という人のために、私も実践してきたキーマンだけを厳選して仲よくなる方法を提案しました。

ただ、その記述を読んで、「そもそも、そのキーマンと仲よくなること自体のハードルが高い」と感じた人もいるのではないでしょうか。

昔からの友人知人、会社を中心とした仕事でのつながり以外の人的ネットワークが作れない。大人になってから出会った「初めまして」の人たちとの距離を縮めることができない。そうした悩みを抱えている人は少なくありません。

私自身がそのタイプですから、気持ちはよくわかります。

そこで、**高いと感じているハードルを下げる、もしくはスッと飛び越えられる力をつけるためのテクニックを紹介します。**これは心理学の世界で「エクスポージャー」

と呼ばれている心理療法の1つです。

たとえば、高所恐怖症の人がいるとしましょう。克服のゴールは、断崖と断崖を結ぶ吊橋を渡ること。最初は果実などを入れる木箱の上に立ってもらいます。「最高をレベル100だとして、不安はどれくらいですか?」「5くらいです」というやり取りの後、徐々に難易度を上げていきます。

難易度が50くらいになると、吊橋の写真を見る段階になります。高所恐怖症の人は、写真を見た時点で脈拍が早くなり、血圧が上がります。それでも写真ですから、見ているうちに慣れてきて、感じている不安も50だったものが、25くらいに下がります。

次はいよいよ、実際の吊橋が見える場所まで移動します。

「渡らなくてもいいです。吊橋に近づき、不安や恐怖が90、限界に達しつつあるところで立ち止まってください」「はい。これ以上は無理です」「わかりました。しばらくここでお話をしましょう」と。

心が落ち着き、不安や恐怖が60になったら、また限界に近い地点まで近づいていくということを繰り返します。すると、最終的には手すりをつかみ、吊橋に一歩踏み出し、向こう側に渡りきることができるのです。

**ポイントは時間をかけ、少しずつ試行回数を増やし、ハードルを越えながら心身を慣れさせていくことです。**

本人が「怖くても体が慣れれば動けるんだ」と気づけば、高いと感じていたハードルが低くなり、より強い恐怖や不安も克服していくことができます。

## ボストン大学の研究で効果を上げた手法

このエクスポージャーの手法を使って、対人不安を乗り越えたユニークな研究があります。

たとえば、改まって新しい人に出会いに行くのが緊張するならば、電車で隣に座った人に世間話をしてみる、といったチャレンジングな手法です。

対人不安によってチャンスを逃していると感じている人が、それを乗り越えるには試行回数を増やし、場数を踏むしかない、という考えが根底あります。

「恥さらしトレーニング」と名づけられた一連のトレーニング法は一見、飲み会の罰ゲームのようですが、ボストン大学の研究室が実行し、確実に効果を上げたエクス

ポージャーです。

やり方を真似しながら、内容を日本風にアレンジして試す価値はじゅうぶんにあります。

**・書店の店員に「すいません。おならに関する本を探しているのですが……」と話しかけてみる**

ユーモラスなジャンルの本であれば、おならでなくてもかまいません。大型書店にはあらゆるジャンルの本が揃っていますから、「これはないだろう……」と思うような分野を探してもらっても、迷惑にはならないはずです。

**・レストランで近くのグループに話しか**

**け、「知り合いの結婚式でスピーチをするので、ちょっと聞いてもらえますか？」と頼む**

いきなり見知らぬ人のグループではハードルが高すぎるようであれば、取引先の人たちやパートナーの友人たちなど、顔見知りのグループに向けてやってみましょう。

**・有名なスポットの間近で、道行く人たちに「◯◯はどこですか？」と尋ねてみる**

東京タワーの前、渋谷のハチ公の前など、そこに見えているというシチュエーションでこそ試しましょう。

**・飲食店のカウンターに1人で座り、隣の客に対して、「『マトリックス』に出演していた俳優は誰でしたっけ？」と聞く**

映画や俳優は雑談のきっかけをつかむためのキーワードなので、ベストセラー本の作者などでもいいでしょう。見知らぬ人と当たり障りのない会話を楽しむことが、エクスポージャーになります。

例はほかにもあります。

「レンタルビデオ店でＤＶＤを借りた後、すぐに店内に戻り、同じ店員に話しかけ、『やっぱり返却します。ＤＶＤプレイヤーを持っていないので』と告げる」

「薬局で、最も小さいサイズのコンドームをレジに持って行き、女性店員に『これよりも小さいサイズはありますか？』と聞く」

こうした罰ゲーム的な手法も実験の一環として行われ、対人不安をなくすために一定の効果を上げたようです。

恥さらしトレーニングは、対人不安を引き起こす原因の１つである「恥をかきたくない」という心理的な壁を、それ以上に大きな恥を経験させることで修正していくものです。

ゲーム形式にすることで試行回数を増やすことができ、恥さらし経験の積み重ねによって、対人不安を克服していくことができるのです。

## 7

# 「運動日記」で運がよくなる

あなたは、日常的に運動する習慣を持っていますか？

もし、まったく運動していないようなら、それは大きなチャンスです。**1日20分程度の軽い運動を生活の中に取り入れるだけで、あなたは劇的に行動力を高めることができ、試行回数を増やして、幸運を引き寄せられるようになります。**

たとえば、ジョージア大学で行われた運動と脳の研究によると、20分の軽い有酸素運動をした後の3〜4時間は、認知能力や行動力、考察力が高まることがわかっています。

これは、運動によって脳の血流が改善され、意欲や学習などに関わるドーパミンというホルモンが放出されるからです。

あるいは、運動する習慣が脳そのものを強化し、行動力を高め、体を疲れにくくする働きがあることもわかっています。

「ひと汗かいて気持ちがいい」というのは気のせいではなく、運動には人の感情をポジティブにする働きもあるのです。慢性的なストレスの影響を長期的に緩和し、血糖値が安定することで精神も安定します。

ミスをして「もう自分はダメだ……」と落ち込んだとき、なんだかやる気が出ないとき、少し疲れたなと感じたときなど、とりあえず黙って20分くらい体を動かしてみましょう。

「レジリエンスを高める」の項でも触れましたが、運動によって体を動かすと脳の血流が促進するだけでなく、脳内で前出のドーパミンや、気分を高めるノルアドレナリン、抗うつ効果のあるセロトニンといったホルモンが分泌されます。

いずれも行動を促す効果があり、試行回数を増やす方向に作用します。

つまり、運動によって**「体を動かす→不安が軽減される→さまざまなことにチャレンジする→運がよくなる」**という好循環が得られるわけです。

ジョージ・メイソン大学では、運動後、オンライン上に「運動日記」をつけてもらうという研究が行われました(6)。運動＋記録の組み合わせです。

被験者は運動した日に、3つの項目を書き込んでいきます。

・その日、どのような運動をしたか
・どんないいことがあったか
・そのほかに、どんなことがあったか

このオンライン上の運動日記を3週間続けてもらった結果、多くの被験者が、運動した日には対人コミュニケーションの量が増えていることがわかりました。

また、**1日の始まりである朝に運動をすると、仕事が効率的に進み、立てた目標を達成する確率が高くなる傾向も明らかになりました。**

これは、いわゆる運がいい人たちの特徴である、対人コミュニケーションの量の多さ、友達の豊富さ、人間関係における満足度、幸福度の高さにつながり、小さな目標をクリアしていくことで自己肯定感も高くなります。

運動は、運のいい人の特徴である要素を満たしてくれるので、運動習慣のある人ほど、幸福度が高くなっていくわけです。

加えて、朝に運動した日に仕事の効率が上がるということは、忙しい人ほど運動したほうがいいということでもあります。

運動することでトライの数が増え、ポジティブな事象が連鎖し、前向きな1日が過ごせるからです。

おもしろいのは、**この実験では運動を休むと効果が消えてしまったことです。**

体を動かした日は運がよくなり、動かさない日は運のいいことも起こらない。運動は習慣化が大切ということでしょう。

神社に神頼みに行くよりも、怪しい開運グッズを買うよりも、1日20分程度の運動習慣を取り入れたほうが、確実に幸運を呼び寄せることができると言えます。

## 20分のウオーキングでネガティブ遺伝子を抑制

では、具体的にどんな運動を習慣化したらいいかと言うと、ウオーキング、ジョギング、ボクササイズなど、基本的にはどんな運動でもかまいません。

ただし、脳への血流を高めるという意味では、呼吸を止めるような瞬発系のトレーニングよりも、**常に呼吸をしながら行う有酸素運動のほうが効果的です。**

特に、1日の始まりに20分程度という意味では、ウオーキングや、ゆっくり走るスロージョギングくらいの強度がおすすめでしょう。

ポジティブ心理学の研究をしているハーバード大学のタル・ベン・シャハー教授は、「運動をしないのは、憂鬱になる薬を飲んでいるようなもの」と言います。

20分の軽い運動をするだけで、脳の機能が高まり、メンタルが安定し、行動力が上がって、試行回数が増えます。

毎朝の通勤・通学時、隣の駅まで一駅ぶん歩くなど、生活の中にうまくウオーキングを取り入れていきましょう。運がよくなると思って、ゲーム化すると無理なく取り組むことができるはずです。

ちなみに、**最新の脳科学の研究では、定期的な運動をすることによって、ポジティブかネガティブかを決めている遺伝子に変化が起こることもわかってきています。**

オックスフォード大学のエレーヌ・フォックス博士は、著書の『脳科学は人格を変えられるか？』（文藝春秋）で、ネガティブな性格を決定する遺伝子の働きが、定期的な運動習慣や瞑想によって抑えられることを明らかにしています。

どの遺伝子がどのような働きをするのか、同じ遺伝子を持っていても強く影響が出る場合とそうでない場合があるのはなぜなのか、本人の行動や取り巻く環境で遺伝子の働きは変わってくるのかなど、遺伝子の働きを研究する「エピジェネティクス」という分野は、今後ますます発展していきます。

その過程で、運動の持つ新たな効果が発見されることでしょう。

*Chapter 5*

# 気づく力を鍛える5つのテクニック

## 目の前の幸運に気づける人はわずか6％

一生の間にやってくる幸運の総量のようなものがあるとして、そこに大きな個人差はありません。

運は不平等なものだと思われがちですが、大きな果実を手にした人、落とし穴に落ちた人の間に訪れていたチャンスの数は同じで、**気づいて行動に移せたか、移せなかったかの違いだけが結果を左右しているのです。**

ではなぜ、こうした違いが生じるのでしょうか。その答えのヒントとなる、興味深い2つの事例について紹介します。

1つ目は本書で何度も登場しているリチャード・ワイズマン博士によって、イギリスで行われた実験です。

博士は被験者に新聞を1部ずつ配り、「この新聞に何点の写真が掲載されているかを教えてください」と質問しました。実験の参加者は1面から写真を1点ずつ数え始め、2～3分かけて紙面の最後まで目を通していきます。

ほぼ全員が正確に数え終えて、「全部で43枚ありました」と報告します。

ところが、この新聞の2ページ目には、紙面の半分を使った大きな広告欄があり、そこには3センチ以上の活字で「ここで数えるのをやめてください。この新聞には全部で43枚の写真があります」と書かれていたのです。

この広告に気づけば、ほんの十数秒で正解を知ることができたわけです。しかし、**すべての参加者は生真面目に写真を数えていたため、広告に気づきませんでした。**

しかも、新聞の真ん中のページには、もう1つの仕掛けがありました。大きな広告枠があり、文字だけのメッセージで「数えるのをやめてください。このメッセージを読んだと申告すれば、100ポンド差し上げます」と書かれていたのです。

しかし、ここでも全員がメッセージを見逃しました。

参加者が答え合わせをしているとき、ワイズマン博士は「新聞に何か変わったところはありましたか?」と質問しました。誰もが「特には何も……」と首をひねるので、博士は「もう一度、見直してみてください」と伝えます。

すると、実験会場のあちこちで驚きの声と笑いが生じたそうです。

「どうして、このメッセージを見逃したのだろう!」と。

もう1つは、第2章でも概要を紹介した「金のなる木」の実験です(7)。アメリカのウエスタンワシントン大学の研究者たちは、大学構内の樹木にドル札をぶら下げました。

当初の狙いは、「金のなる木を見た学生たちが、どんな反応を見せるのか」の観察にあったそうです。研究者たちは「まさか、金のなる木に気づかない人はいないだろう」と考えていたからです。

ところが、実験を始めてみると、学生たちは視線の少し上にぶら下がっているドル札に誰も気づきません。仲間と話をしながら、ヘッドフォンで音楽を聴きながら、足早に教室に向かいながら、次々と素通りしていくのです。

結果、**金のなる木のドル札に気づいたのは、ほんの6%の学生だけでした。**

## なぜ紛失物は忘れた頃に出てくるのか？

新聞のメッセージに気づけるか、気づけないかの違いには、第4章で紹介した性格特性「ビッグ・ファイブ」のうち、【神経症的傾向】が深く関わっています。

実験では最初に、「この新聞に何点の写真が掲載されているかを教えてください」

という問いかけがなされ、参加者の意識は写真に向かいます。

集中力や注意力は「紙面の写真と、写真ではない情報」を振り分けるために使われ、大きな文字で書かれた正解や報酬のメッセージには気づきませんでした。

ところが、答え合わせを終え、ホッとしているとき、新聞を見直すとすぐに2つのメッセージを発見する人が現れ、その場にいた全員が実験の仕掛けに気づきます。

実験の条件づけで、新聞の写真を数えることに必死になっているときには、参加者の誰もが神経症的傾向の強い状態になっていました。

そして、実験が終わり、ホッとしたところでいち早くメッセージに気づけた人たちは、もともとの神経症的傾向が弱い人たちでした。人よりも緊張や不安を感じにくく、基本的に穏やかで落ち着いたタイプです。

彼らはリラックスしているので、偶然のチャンスに気づきやすいことが、さまざまな心理学の研究で明らかになっています。

**運のいい人たちが、そうではない人が見逃す偶然のようなチャンスに気づくのは、リラックスした状態で広い範囲に注意力を向けているからなのです。**

そして、金のなる木に気づけるか、気づけないかには、同じく【開放性】が深く関係しています。

開放性は、まだ見ぬ新しい世界に対して好奇心を持ち、行動に移すことができるかなど、想像力、行動力を表す性格特性です。開放性が高い人は、新たな発見や刺激を求める探究心を持っています。

実は、運のいい人と悪い人の性格特性を比べたとき、開放性の高い人のほうが「自分は運がいい」と考えており、開放性の低い人のほうが「自分は運が悪い」と考えていることがわかっています。

これは、新しい経験を積極的に受け入れるほうが試行回数も増え、いつもと同じ毎日を送っている人よりもチャンスに巡り合う可能性が高くなるからです。

**言い換えれば、「遊び心が大事」ということになります。**

世界が平等にできていて、神様ががんばっている人にチャンスを分配してくれるならいいのですが、現実は気づいた人が勝つ世の中です。

だからこそ、ある程度の遊び心が大事になってきます。１００％の集中で張り詰めて日々を送る人よりも、リラックスしている人のほうが有利です。それは、探し物が探しすぎると出てこないのにも似ています。

チャンスに気づく力は、神経症的傾向の弱さ、開放性の高さによって支えられています。

もし、あなたの性格がどちらの要素も持ち合わせていなかったとしても、安心してください。**新聞のメッセージを見落とした人も、金のなる木に気づかなかった人も、トレーニングによってチャンスに気づく力を身につけることはできます。**

この章で紹介する方法は、ストレッチをして体の柔軟性を高めることや、休日に自然と触れ合える場所に出かけてリフレッシュするのと似ています。

実際に体を動かし、ゲームを楽しみ、日常のあちこちに転がっているチャンスに気づける感覚を磨いていきましょう。

# 1

# 呼吸法と瞑想でリラックスする

神経症的傾向が低い人は、不安感や緊張感が増す状況でも、リラックスしていられます。

**いきなり自分の性格を変えて、どんなときもリラックスできる人になるのは難しいですが、トレーニングによって似た状態を作る方法があります。**

それが、呼吸法のトレーニングです。

人は緊張すると呼吸が浅く、速くなります。すると、血液の循環が低下し、脳が求めるペースでの新鮮な酸素の供給が滞り始め、注意力、集中力、観察力、判断力が落ちるのです。

その結果、緊張状態ではミスが増え、ミスによってますます緊張状態が高まっていくという悪循環が起こります。

これを防ぎ、血液の循環を高める最も手軽な方法が、あなたもよく知っている深呼吸です。大きく息を吸って、吐く。大きく息を吸って、吐く。それだけで肩の力が抜けていきます。

**日常的に呼吸のトレーニングを行うのであれば、「タクティカル・ブリージング」と呼ばれる方法がおすすめです。**

これはアメリカのペンタゴン（国防総省）が正式採用している呼吸法で、現場で緊張状態を強いられるアメリカ軍の兵士たちが実践し、効果を上げています。

その方法は、次のとおりです。

①口を閉じて鼻から4秒かけて息を吸う
②4秒間息を止める
③4秒かけて口から息を吐き出す
④4秒間息を止める
⑤以上を落ち着くまで繰り返す

シンプルな方法ながら、脈拍の安定、血圧の低下、脳神経の鎮静、ストレスの解消などの効果が認められています。

場所を選ばずにどこでもできるので、少し緊張しているな、呼吸が浅くなっているなと気づいたときに試しましょう。

## 脳が活性化し注意力や観察力がアップ

また、1日の始まりや終わりなど、じっくりと時間を使える状況ならば、瞑想《めいそう》を行うのもおすすめです。

瞑想と聞くと、精神修養のイメージがあるかもしれません。しかし、その効能は脳科学の分野でしっかりと認められ、**脳が瞑想に慣れてくると注意力や意志力が向上することもわかっています。**

また、心理学の分野でも心身をリラックスさせ、ストレスの管理、衝動の抑制、自己認識力に好影響を及ぼし、神経症的傾向の高さをやわらげることが確認されています。

実際に、私も日常生活に瞑想を取り入れて、ストレスのコントロールに活かしています。

最初は3分間くらいから始めました。そして、朝・夜5分間ずつを3週間ほど続けていくうちに、自分の状態に変化があったのを覚えています。あちこちに散らばりがちな気持ちを抑え、落ち着きを与えてくれたのです。

**瞑想で大切なのは、短時間でもコツコツと続けることです。**

そこで、初めてでもすぐに試しやすい「数《す》息観《そくかん》」と呼ばれる方法を紹介します。

①お腹を突き出すイメージで、背すじを伸ばして座る

②前方1・5メートルのあたりをぼんやりと見つめる（姿勢が崩れないようにするために、目は閉じきらずにわずかに開く）

③ゆったりした呼吸をしながら、吐く息を数えていく
④吐く息を10まで数えたら1に戻る
⑤また1~10まで息を数え続ける
※意識が別の何かに逸《そ》れたら、静かに1から呼吸のカウントに戻る

非常にシンプルな方法ですが、禅の修行法の1つで奥義にもつながるとされる瞑想のようなものです。近年では、認知行動療法の世界でも使われています。

初めて瞑想をする人は、途中で注意がさまざまな方向に逸れがちです。

しかし、**注意が逸れたとき、呼吸に意識を戻すと、筋トレで負荷をかけるのと同じように脳が鍛えられます。**つまり、注意が逸れるほど、瞑想の効果は高くなると言えるのです。

1週間ほど続けて数息観に慣れてきたら、呼吸に注意を置きつつも、周囲で起こっていることに意識の半分を向けてみてください。

「あ、家の近くの道をトラックが走っていったな」「小鳥がさえずっているな」「隣家

からテレビの音が聞こえるな」など、実況中継するかのように感じ取りながら、吐く息をカウントしていきましょう。

これは、「ヴィパッサナー」または「随《ずい》息《そく》観《かん》」と呼ばれる瞑想で、これも禅の修行法です。物事をあるがままに見る観察力が鍛えられるので、気づく力を伸ばすのに役立ちます。

ただし、呼吸に注意を置きつつも、半分の意識を周囲に向けるという感覚をつかむのは難しく、私も身につくまでに半年近くかかりました。

まずは「タクティカル・ブリージング」や「数息観」から始めて、呼吸に意識を向ける感覚を養いながらトレーニングしていきましょう。

2

# 違う選択をゲーム化する

運が悪い人ほど、占いや神頼み、開運ブレスレットなど根拠のないものに頼る傾向があることは何度も書きました。

行動を起こさず、幸運を待っているだけなので、結果的に運はよくなりません。反対に、運のいい人は運を迎えに行く行動に出ます。

そのとき、行動の一歩目の踏み出しを後押しするのが、開放性の高さです。**開放性の高い人は、新しいものに飛びつくスピードが速く、ほかの人が手を出さない段階で飛び込んでいくので、チャンスを早くつかむことができます。**

そのぶん、失敗する可能性も高まりますが、開放性の高い人は場数を踏むことでレジリエンスを鍛えているので、こりずに起き上がり、また新しい体験・経験を求めていきます。

そんな形でチャンスに気づく力を支える開放性。それを鍛えるトレーニングを2つ

紹介しましょう。

1つは、「日常のゲーム化」です。

たとえば、取引先が主催する立食パーティや友人知人のいないイベントのような場に参加することになったとしましょう。

私も元来の性格は開放性が低いタイプなので、背後が守られる壁側に立って、ケータリングの食事やドリンクを手に、手持ち無沙汰な時間を過ごしてしまった経験が何度もあります。

メンタリストとして知られるようになった後は、周囲の人がこちらに気づいて話しかけてくれるようになりました。

しかし、それ以前はぼんやりとムダに時間を費やし、せいぜい空腹が満たされるくらいで、次のチャンスにつながるようなことは起こりません。考えてみれば当然です。自ら動いていないわけですから。

そこで、私はパーティをゲーム化するようにしました。

**「今日は会場で、私の好きな青い服や青いアイテムを身につけている人を見かけたら、必ず話しかけてみよう」**と。自分で自分にルールを課すことで、自ずと動き出さざるをえない状況を作ったわけです。

すると、「話しかけてはみたものの、しどろもどろでうまくいかなかった」「自己紹介がやたらと長くなり、相手が飽きてしまった」といった課題が出てきます。

課題が出たら、修正することが可能です。「なぜ、しどろもどろになったのか」「相手を飽きさせない自己紹介の方法は？」と。

心理学やコミュニケーションの本を読み、打開策を身につけ、また次のパーティの機会に「今日は、赤い服や赤いアイテムを身につけている人に話しかけよう」とルールを課していったのです。

この繰り返しによって、**初対面の人と話すという新たな経験を積み重ね、現在の私は立食パーティで人脈というチャンスに気づくためのルーティンを身につけています。**

ほかにも、「レストランに入ったら、必ず食べたことのないメニューを頼む」「本を買うときは、目的の本以外にジャケ買い（カバーの印象が気に入って買うこと）の本を混ぜる」など、日常の中に新しい体験を増やすルールを作りましょう。

遊び心のある努力が、あなたの開放性を高め、チャンスに気づく力を養います。

## 初めて訪れる出張先で運を伸ばす人、伸ばさない人

2つ目のトレーニングは「新しい行動メモ」です。

日々の暮らしで経験した初体験をメモにまとめていきます。もちろん、1つ目の「ゲーム化」によって体験した新しいことでもかまいません。

たとえば、「出張先が初めて行く町だったので、思いきって自費で前泊してみた。宿泊先で聞いたおすすめの店で名物料理を楽しみ、地元の人とも交流。翌日の会議で前泊での経験を話したら、取引先の社員との心理的な距離が一気に縮まった」といったイメージです。

**ポイントは、メモの中に「努力」「戦略」「選択」を盛り込むことです。**

「自腹での前泊」(努力)

「自分で決めずに、おすすめの店を尋ねる」(戦略)

「食べるだけでなく、地元の人との交流も楽しむ」(選択)

このように、新しい経験や体験を淡々とメモするのではなく、何がどのように作用したのかを切り分けていくことで、気づく力のポイントになっている要素が明確になります。

すると、仮に「おすすめされた店の名物料理がおいしくなかった」としても、「取引先の会社の人に失敗談として話し、本当のおすすめの店を聞く」という選択が思い浮かぶようになります。

つまり、新しい経験のメモを残すことは、そこから学ぶという新しい経験につながるわけです。こうしたしなやかさを持つことで、失敗を過剰に恐れることがなくなっていきます。やらない人との差は明らかです。

また、人は自分の体験を評価するとき、ある出来事の始まりから終わりまでを、まんべんなく判断材料にするわけではありません。最も気分が盛り上がったときと、その出来事がどう終わったかの記憶によって評価が決まっていきます。

これはノーベル経済学賞を取った行動経済学の創始者ダニエル・カーネマンが提唱する「ピーク・エンドの法則」です。

新しい体験をメモするときも、人はうまくいったことや印象的だったこと（ピーク）を思い浮かべながら、その日の結果（エンド）をまとめます。

**1日の終わりに、その日の新しい経験をメモにまとめることで、前向きな気づきを得ることができます。**

その結果、トライアル・アンド・エラーを恐れる気持ちが減り、試行回数が増えていき、気づく力を育むことにつながるのです。

3

# 「自己充足的予言」にとらわれない

人は失敗の後など、不運を感じているときには、神経症的傾向が強くなります。失敗やミスにとらわれるからです。

短期的な視野から目の前のミスにこだわり、自分の身に降りかかった不運をより大きなものだと感じがちです。

私はゴルフをしますが、初心者やあまりゴルフがうまくない人にありがちな傾向として、スタート直後から何度かミスが出ると、「今日はツイてないな」と愚痴りながらプレーをする人がいます。

すると、本当にミスショットが増え、本人も驚くほど悪いスコアになってしまうのです。

こうした心の動きは、心理学で「自己充足的予言」と言います。**目先のミスにこだ**

**わり、ツイていない、不運だと思うことで、自分自身に暗示がかかるのです。**

本来は自分の技量不足で起こったミスにもかかわらず、それが不運のせいだと思い始めると、集中力が途切れて1つ1つのプレーが雑になり、ツイていないという暗示はさらに強化されます。

その結果、スコアは散々なものになるわけです。

この自己充足的予言は、もちろんゴルフのプレー中に限った話ではなく、プライベートにも仕事にも恋愛にも勉強にも深く関わってきます。

「最近、財布も落としたし、悪いことばかりが続いている」
「上司が代わってから相性が悪いのか、どうもうまくいかない」
「先週のケンカ以来、パートナーの嫌なところばかりが目に入る」
「この前の模試の順位が予想外に低くて、ショックから立ち直れない」

いずれも、まさに自己充足的予言にかかっている状態です。

1つの失敗にとらわれ、視野が狭まり、マイナスの情報ばかりに目が行くようになっています。

**当然ながら、このままでは目の前を通過していくチャンスには気づくことができません。**

そこで、私自身が過去に試し、効果を実感したうえでおすすめしているのが、「今日の悩みを日記に書く」というテクニックです。

自分がいったいいま、何にとらわれているのかを、1日の終わりに箇条書きで書き出します。第3章で紹介した「スリー・グッド・シングス」の逆バージョンだと思ってください。

スリー・グッド・シングスの場合は、日記に残すことで脳が自然とグッド・シングスを探すようになると解説しましたが、「今日の悩み日記」では反対の効果が得られます。

人間の脳には、不安や悩みを書き出すと、とらわれた状態から解放される性質があるからです。

つまり、1日の終わりに悩みを書き出すと、自己充足的予言の暗示を破ることができるのです。

## 今日の悩みの大半は1年後にはどうでもいいこと

そして、今日の悩み日記をつけることには、もう1つの大きな効能があります。それは、**長期的な視点が備わるということです。**

私は学生時代に1年近く、今日の悩み日記をつけたことで、自分のその時点、「いま、ここ」でとらわれていた悩みのくだらなさに気づきました。

長期的な視点で自分の1年前を俯瞰《ふかん》すると、当時つづっていた悩みの大部分はどうでもいいことでした。むしろ、悩んでいたことを覚えてすらいないことも少なくありませんでした。

つまり、**長期的な視点で物事を眺めることができると、不運だと思い込んでいた悩みが小さな出来事だったと気づけるようになるのです。**

たとえば、先ほど挙げた不運の例も長いスパンで見ると、こう変わるかもしれません。

「最近、財布も落としたし、悪いことばかりが続いている」
↓
「数日後に財布が出てきた。拾い主にお礼をしたのが縁で、よい友人になった」

「上司が代わってから相性が悪いのか、どうもうまくいかない」
↓
「その上司に鍛えられたことで、仕事の能率がグンと上がった」

「先週のケンカ以来、パートナーの嫌なところばかりが目に入る」
↓
「結果的に別れることになったが、合わない相手と結婚に踏み切らずに幸運だった」

「この前の模試の順位が予想外に低くて、ショックから立ち直れない」
↓
「やる気が出ない原因を探るうち、自分が本当に行きたい学部がわかってきた」

　このように長い人生の中で考えれば、**「いま、ここ」で感じていた不運が、幸運の始まりであることは多々あります。**

　神経症的傾向の高い人は、小さなつまずきにもこだわり、悩みを増幅させます。狭い視野で物事を見ることで、他人との摩擦も増えていきます。

　しかし、長期的な視点を持つことで、不運の中でもチャンスがやってくることに気づけるようになるのです。

4

# 「ワーキングメモリ」を解放する

チャンスに気づくことができるか、できないかに深く関わる脳の機能があります。それは、第3の記憶とも呼ばれる「ワーキングメモリ」です。

記憶には、最近の出来事を覚える短期記憶と、昔のことを覚えている長期記憶があります。しかし、この2つの記憶だけでは、目の前の出来事に対処するときに何かと不便です。

そこで発達したのが、**情報を一時的に保つワーキングメモリという機能です。**

たとえば、友人と2人で旅行の計画を立てるとき、私たちはこんなふうに頭の中で考えています。

「3泊4日で1泊に使える予算は1人1万円として、こっちの宿は1部屋1泊1万8000円だから、3連泊すると5万4000円。2人で割ると、2万7000円か。

3000円余ったぶんで、おみやげが買えるね。でも、こっちの1泊2万4000円の宿もいいな。予算オーバーだけど、部屋に温泉がついているよ」

このとき、「予算は1万円」や「3連泊すると5万4000円」「2人」「おみやげ3000円」「部屋に温泉つきは1泊2万4000円」といった情報を一時的に記憶し、比較しながら考えられるように働いているのが、ワーキングメモリです。

また、目の前の相手と話しているとき、相手の質問にスムーズに答えられるのも、ワーキングメモリに相手の質問内容が記憶されているからです。

つまり、私たちは日常生活のあらゆる局面で知らず知らずのうちに、ワーキングメモリの助けを借りているわけです。

ところが、ワーキングメモリには一定の容量があります。**同時にいろいろな作業をこなしたり、選択と決断を繰り返したりするうちに、覚えられないものが増えてくるのです。**

すると、ど忘れが生じたり、観察力が鈍ったり、1つのことをじっくり考えることができなくなります。

つまり、ワーキングメモリがいっぱいになると、周囲の変化に鈍感で気づく力の低下した状態になります。

**脳科学の研究によると、ワーキングメモリが並行して処理できる情報は最大で7つ、平均すると5つ程度と言われています。**

パソコンを例に置き換えるとすれば、ワーキングメモリがいっぱいにならずスムーズに動かせるアプリケーションの上限が7つ、快適に動く範囲は5つ程度ということです。

しかも、ワーキングメモリは、パソコンのメモリのように増設することはできません。

ところが、誰もが同じ環境でやりくりしているにもかかわらず、仕事の速い人、遅い人、記憶力の優れた人、劣った人、チャンスに気づく人、気づかない人といった差が生じます。

これはまさに、ワーキングメモリを解放するコツを身につけているか、いないかの違いです。

## チャンスに気づく力を養うトレーニング

たとえば、あなたが出向いた会合先で「Aさんに挨拶をしなくちゃ」と思い、きょろきょろしているとき、ワーキングメモリは「Aさんに挨拶」を意識して1つ使われています。

そこへ、たまたま通りかかったBさんがあなたに気づき、話しかけてきます。

すると、「Aさんに挨拶」という意識が残ったまま、Bさんとの近況報告を行うことになります。

気になること、やるべきことを残したままでいると、5つから7つしかないワーキングメモリはすぐに埋まってしまうのです。

もし、ワーキングメモリがいっぱいの状態で、あなたに大きなチャンスをもたらしてくれるはずのCさんが会場にいたとしても、対応できずに見逃す可能性が高まります。

逆に、「Aさんへの挨拶」を最優先して先に済ませてしまえば、その瞬間に該当のワーキングメモリは解放され、次の行動に意識を割り当てることができます。

つまり、**周りから見て、仕事の速い人、記憶力の優れた人、チャンスに気づく人は、1つ1つのやるべきことを素早く終わらせ、ワーキングメモリを解放するコツをつかんでいるのです。**

たとえば、私が執筆などに使っている部屋には、仕事と勉強に関係のない物はいっさい置いてありません。

机の上にはノートが開いたままにしてあります。**ほかの選択肢がないため、ワーキングメモリが解放されます。**

すると、無意識下にあって意識していなかったアイデアが浮上してきます。そこで、アイデアというチャンスを逃さず、ノートに残すことができるのです。

効率よくワーキングメモリを解放し、次から次へと新しい情報を処理するトレーニングに最適なアプリがあります。

これは「Nバック課題」（たとえば、A、B、C、A、B、Cといった文字列があったとき、1つ前の文字を答えるのが1バック、2つ前の文字を答えるのが2バックと、

指定された数のぶん、さかのぼって答えていく）と呼ばれるトレーニングで、ＩＱの研究とともに発達してきた手法です。

いまはスマホ用に、いわゆる脳トレゲーム的な遊び方ができる無料アプリが複数あり、Ｎバック課題を1日15分プレーすると、ワーキングメモリの機能が向上することがわかっています。

ワーキングメモリを鍛え、解放することを意識して生活することで、目の前にやってきたチャンスに気づく力が増していきます。

## 5

# 「セレンディピティ戦略」で幸運をつかむ

セレンディピティとは、新しいことに気づき、予想外の偶然を発見すること。また、何かを探しているときに、別の価値があるものを見つけること。**ふとした偶然をきっかけに、すばらしい幸運をつかみ取った現象を表す言葉です。**

日本語に訳すなら、「ひらめき」が最もしっくりくるかもしれません。

セレンディピティを意識的に起こすことができれば、そのままチャンスに気づく力になります。

シティ大学ロンドンの研究チームは、セレンディピティを得る機会の多いクリエイティブな仕事をしている人たちを集めて、「セレンディピティが生まれるプロセス」を研究し(8)、幸運を高めるための手法として「セレンディピティ戦略」というものを提唱しています(9)。

そこで、「情報源の多様化」や「精神的な余裕を持つ」とともに重要だと挙げられ

ている要素の1つが、「境界線をゆるめる」ということです。

**経験則や常識と、直感。この境界線をゆるめたとき、ひらめきがやってきます。**

運のいい人は自分に自信を持ち、トライすることに迷いません。

しかし、経験則や常識を重視する慎重派は、「いい話のような気がするけど、やめておこう……」「直感に響くところはあったけど、うまくいくとは言えないし……」と一度は気づいたひらめきを手放してしまいます。

「いい！」とせっかく感じ取ったものを、経験則や常識に当てはめ、ネガティブな材料を集めて否定する。この思考パターンが習慣化されると、チャンスも逃しやすくなるのです。

『第1感「最初の2秒」の「なんとなく」が正しい』(光文社)などの著書があるジャーナリストであり、社会心理学者でもあるマルコム・グラッドウェルも「経験に学び、情報をたっぷり蓄積し、整理してから答えを出す。論理的で、確実なやり方だ。しかし結論が出るまでに時間がかかる」と、重要な決断を下す際のひらめきの重要性を指摘しています。

実際、**自分に向いた職業を選ぶことができた人、やりたいことを仕事にしている人は、職業選択の際、そうではない境遇の人に比べて20％多くひらめきに頼っていたというデータもあります。**

どの業界においても、物事の判断を下すときには、「なぜ、その判断を下すのか」という部分を説明する必要があり、大量のデータや根拠を集めて説明することが求められます。

しかし、ひらめきによって瞬時に下した判断は、慎重に時間をかけて下した結論に比べて、けっして見劣りはしません。

だからこそ、「セレンディピティ戦略」のような研究も行われているのです。

## 錆びた直感がよみがえり4カ月持続する秘訣

ひらめきは生まれつき、誰もが持っている能力ですが、社会人として常識的な判断を求められる環境に長くいればいるほど、その力は錆びついていきます。

では、ひらめきを磨くにはどうすればいいのでしょうか。

イスラエルにあるヘブライ大学とベングリオン大学の研究チームによる実験では、朝・夜にゲームなどの遊びに1～2時間取り組み、10日間続けると、ひらめきが磨かれていくことが証明されています。

しかも、**この研究チームは10日間のトレーニングによって1回アップした力は、4カ月低下しないとも指摘しています。**

ただし、ここで言うゲームは、昔ながらのボードゲームやカードゲームが対象です。対戦相手がいて、どちらに進むか、どちらを選ぶかの選択があり、時間的制約がある。そんな条件の揃ったゲームならば、種類は問いません。

ひらめきを信じて判断し、決断することを繰り返すうちに、錆びていた直感が磨かれていくのです。

また、ヘブライ大学とベングリオン大学の研究チームは、ひらめきを鍛えるためのユニークな手法もいくつか提案しています。

その1つが、「宇宙人との遭遇ゲーム」です。これは「あなたの目の前に宇宙人が現れました。その宇宙人とコミュニケーションを取り、お題を伝えてください」というシチュエーションを楽しむゲームです。

宇宙人には英語や日本語など、私たちの言語が通じません。プレイヤーは、どうすればこちらのお題を伝えられるかを考えます。

私が宇宙人役で、あなたが伝えるべきお題を与えられた地球人だとすると、非言語のコミュニケーション、ジェスチャーでアピールすることになるでしょう。その過程で、ひらめきが磨かれていくというわけです。

スティーブ・ジョブズは「直感はとてもパワフルで、私に言わせれば知性より重要だ」と述べています。

また、マイクロソフトの創業者ビル・ゲイツも過去のインタビューで、新しいプロダクトに関して、自分の直感は間違うことがあることを認めつつも、「ひらめきを信じる」と断言しています。

**優れたアイデアを思いついたとき、直感を信じてすぐに行動に移せるかどうかは運／不運を左右します。**あなたの好きなこと、得意なことをチャンスに変えていく決断をするときは、ひらめきを信じましょう。

石橋を叩いているとチャンスは過ぎ去り、今までと近い場所にしかたどり着くことができません。

# Chapter 6

# 運の操り方
# 実践編

## メンタリズムのテクニックで運を積極的に操る

あなたはいま、運の力を借りたいと切実に願っていることがありますか？

「社運のかかるプロジェクトのプレゼンテーション。資料は最高のものを用意したからこそ、もうひと押し、運の力を借りたい」

「将来の独立に向けて準備中。事業計画、資金のめどは立った。信頼できるビジネスパートナーを見つけたい」

「仕事に本気になれなかった会社を思いきって辞めた。これからは好きなことでお金を稼げるようになりたい」

「決め手に欠けるまま何年も続いている婚活。『この人と結婚するんだ！』と感じるような人と出会いたい」

人生はあらゆる局面で、選択の連続です。しかも、本人の努力や準備だけで望む結果が得られるわけではありません。

だからこそ、自分をもうひと押ししてくれる運の力を味方につけたい。

そんな思いに応えるため、**本章ではより具体的に、Q＆A方式で「仕事運」「対人運」「金運」「恋愛運」の4つの運について、すぐに役立つ運の操り方を紹介していきます。**いわば実践編です。

ベースとなる基礎は、ここまで解説してきた運を操るための3つの科学的な方法「①不安に強くなる」「②試行回数を増やす」「③気づく力を鍛える」と、メンタリズム（人の心を読み、操る技術）のテクニックです。

3つのサイクルを何度も回転させて「運を操る力」を鍛えてきたあなたを、メンタリズムのテクニックで後押しします。

さっそく、あなたが力を借りたいと願っているジャンルでの運を操っていきましょう。

# 仕事運

## 飛び込み営業の努力を続ければ運は回ってきますか？

Q 営業職です。上司の指導どおり、一生懸命に仕事をしているのに努力が結果につながりません。同僚からは「いじられキャラ」的な扱いを受け、空回りしているのは自分でもわかっているのですが、がんばる以外の方法もわからず……。努力を続ければ、いつか運が回ってくるでしょうか？

A **幸運の女神はクソまじめな人に興味を持ちません**

ひとりで一生懸命がんばって努力していれば、いつかはきっと報われると信じる状態を、心理学で「泣き寝入り型万能感」と呼びます。残念ながら、このタイプの努力

の方法では、この先も運は回ってきません。なぜなら、自分で考えていないからです。

一生懸命やることで、報われる人はたくさんいます。ただし、報われるのは正しい方法で、試行回数を増やした場合です。

結果の出ない間違った方法を繰り返しても、その努力は報われません。

第4章で取り上げた「ビッグ・ファイブ理論」で【誠実さ】が運／不運に影響を与えないとされているのも、同じ理由からです。

本人が誠実に努力して、完璧だと思えるセールストークを編み出しても、お客さんのニーズとずれていれば、相手の心は動きません。

空に向かって来る日も来る日も祈れば、天

気をコントロールする力が身につくかと言えば無理でしょう。

それに近いことを頑《かたく》なに繰り返しているのが、泣き寝入り型万能感タイプの人です。

しかも、幸運の女神は「そっちの道は間違っていますよ……」と思っても、正しい道を教えてくれるほど親切ではありません。

うまくいかないという結果から本人が気づいて、進む道を変えていかないと、女神の関心を惹《ひ》きつけることはできないのです。


泣き寝入り型万能感タイプの人が仕事運をよくするには、努力すべきポイントの間違いに気づくことからです。

第3章の「ネガティブバイアスの罠《わな》に気づく」や、第4章の「ピグマリオン効果で期待を現実の力に」の項を参考に、「上司に言われたから、飛び込み営業を1日100件やる」という無闇な努力ではなく、自分の強みはどこにあるかを分析し、さまざまな営業手法を試しましょう。

その際、「初頭効果」と呼ばれる心の動きを意識するようにしてください。

私たちは、初めての相手と出会ったとき、無意識のうちに約7秒で第一印象を感じ取ります。しかも、その第一印象は半年間持続します。

リピーターよりも新規客に強い営業担当者、プレゼンテーションのうまいビジネスマン、なぜか会議の雰囲気をリードしていく上司、見た目はほどほどなのにモテる友人など。

あなたの身近にいるこうしたタイプの人を、よく観察してみましょう。それぞれが初対面での最初のアプローチに力を入れていることが見えてくるはずです。

## 聞き上手な人が自然にやっている「マッチング」

初頭効果を意識し、営業先での第一印象を高めたいなら、「マッチング」というテクニックを身につけましょう。

やり方は簡単で、初対面の相手と会話するとき、相手の言ったことを復唱するだけです。

パンフレットを出して、商品の説明をして、よい点をアピールして……とぐいぐい攻めるのはやめて、「なるほど、今日はお時間がありませんか」「〇〇でお困りですか。

それは大変ですね」といったように、聞き役に徹しながらマッチングを駆使していきましょう。

すると、相手は自分を肯定された感覚になり、あなたからの好意を感じます。聞き上手な人が自然にやっているマッチングは、確実にあなたの第一印象を高めるのです。

もちろん、これだけで営業成績が急激に上がることはありません。それでも試行回数を増やし、相手の話によく耳を傾けるうちに、あなたの観察力は磨かれていきます。そして、ある時点から、営業先の担当者の対応が親密さを感じさせるものに変わっていることに気づくはずです。

人は好意を持った相手には、よくしてあげたいという心理が働きます。それは泣き寝入り型万能感タイプの人が持つ【誠実さ】が、正しく働いた結果です。

営業先にファンを増やすことで、あなたの仕事運は上昇し始めます。

がんばる自分や、会社が売ってこいという商品を売り込むのではなく、よき聞き役としてのあなたを印象づけることで、幸運の女神もほほ笑むようになるのです。

## 設定した目標計画に遅れが出ているのですが……

**Q** 将来、いまの会社で携わっている分野での独立を考えています。1年後、3年後、5年後の目標を設定し、計画的に準備を進めていたのですが、在籍している会社の業績が悪化。ボーナスがカットされ、独立資金を貯める計画に遅れが出ています。もしかするとリストラ、最悪の場合、倒産もあるかもしれません。この不運を乗り越えるには、どうしたらいいですか？

**A** **綿密な計画ではなく、偶然の出来事を味方につけましょう**

あなたは自分のキャリアの何割くらいが、運で決まると思っていますか？

この疑問に1つの答えを出したのが、スタンフォード大学の心理学者ジョン・D・クランボルツ教授です。

彼は莫大《ばくだい》な財産や名声を獲得した、いわゆる人生の成功者たちを対象にアンケートを取り、その成功の秘訣《ひけつ》やキャリアを細かく分析・研究。その成果を「プランドハップンスタンス理論（計画的偶発性理論）」として発表しました。

この理論の要点は、次の2つでした。

・個人のキャリアの8割は、予想しない偶然によって決定される
・偶然を柔軟に受け止め、計画的にデザインしていくことでキャリアアップできる

好景気、不景気のサイクルが速く、トレンドとなるビジネスも目まぐるしく変わっていく現代では、綿密なキャリアプランを立て、その将来設計にこだわることは危険で現実的ではありません。

自分の掲げた目標にこだわるあまり、それに関わる人々とのつながり、その分野での仕事だけに視点を集中すると、ほかの可能性を消すことになります。

プランドハップンスタンス理論では、キャリアの8割が予期できない偶然の出来事や人との出会いによって変わっていくのであれば、綿密な計画を立て偶然に翻弄され

るのでも、無計画で偶然が起こるのを待つのでもなく、自分から積極的にアクションを起こすことが提唱されています。

つまり、試行回数を増やしながら、幸運となる偶然に気づくことで、自分のキャリアをアップさせることができるのです。

## 幸運を招いてくれるのは「弱いつながり」の人

現実として、勤める会社の状態が悪化しているのであれば、できるだけ早く、あなたのキャリアに偶然という幸運を送り込んでくれる場へ出て行く必要があります。

そのときに意識しておくべき考え方が、社会学者マーク・グラノヴェッターの提唱する「弱い紐帯《ちゅうたい》（弱いつながり）、強い紐帯（強いつながり）」です。

彼は、転職したばかりの専門職、技術職、管理職に就いている人たちが、仕事の情報を誰から得たのかを調査。その結果は、意外なものでした。

家族や恋人、親友、学生時代の友人など、「強いつながり」から転職のチャンスを得た人よりも、かつて一緒に仕事をしたことがある取引先の担当者や、子どもつながりのパパ友やママ友、ご近所さん、趣味や地域活動の仲間など、「弱いつながり」からチャンスを得た人のほうが多かったのです。

一見すると、「弱いつながり」よりも「強いつながり」を強化したほうが、いざというときに頼りになるイメージを受けます。実際、日常生活で困ることが起こったとき、手を差し伸べてくれるのは身近な人たちです。

しかし、「強いつながり」の人たちは、あなたと似たような環境で生活していることが多いでしょう。

たとえば、あなたにとって強いつながりである会社の仲間は、同じ分野で独立した途端、ライバルに変わります。また、同業他社への有利な転職の話があったとして、それを周囲に譲るでしょうか。

つまり、新しい挑戦を始めるときには、今いるコミュニティの外、自分とは異なる環境にいる「弱いつながり」の人たちとの関係のほうが、役に立つのです。

独立に向けて、資金を貯めるのは必要なことですが、弱いつながりを作るための活動に時間とお金を投資しましょう。

そして、第4章で紹介した「ビッグ・ファイブ理論を戦略的に活用する」や「恥さらしトレーニングで対人不安を消す」の項を参考にしながら、多くの人にあなたの存在を知ってもらうのです。

そのときに重要なのが、自分のやろうとしていることをひと言でアピールすることです。「あなたは何の人ですか？」と聞かれたとき、短いセンテンスで答えられるように準備しておきましょう。

弱いつながりを広げることが、あなたに仕事運を運んできます。

## 大事なプレゼンでの失敗から立ち直れません……

**Q** **26歳、とある企業の企画部で働いています。取引先でのプレゼンテーションで手痛いミスをし、受注を逃して、周囲に大きな迷惑をかけてしまいました。上司は「今回は運もなかったよ」と慰めてくれましたが、いまだに失敗から立ち直ることができません。社内ミーティングで発表するときも、またミスをするのでは……と不安になります。私の仕事運は、このまま低迷したままでしょうか？**

## A ハーバード大に落ちたことが最大の幸運になることも

第5章の「自己充足的予言にとらわれない」の項でも触れましたが、失敗に対する不安にとらわれたときは、長期的な視点で向き合うことです。

いまは仕事運がどん底としか感じられないかもしれませんが、実は急上昇目前の状態かもしれません。

世界で最も成功を収めた投資家の1人、ウォーレン・バフェットはあるインタビューで「人生で最も運がよかったと感じることは？」と聞かれ、「ハーバードに落ちたこと」と答えています。

ハーバード大学のビジネススクールに進もうとした彼は、合格発表の前から友人に「一緒にハーバードに行こう」と話すなど自信満々でした。ところが、結果は不合格。大きな挫折を味わいます。

しかし、ハーバードに落ちたことで、人生を左右するチャンスに巡り合ったのです。

彼はほかに入れそうなスクールを探すため、図書館に行って調べたところ、自分が感銘を受けた本『賢明なる投資家』を書いたベンジャミン・グレアム教授がコロンビア大学大学院で教えていることを知り、願書を提出。今度は無事に入学します。

そして、バリュー投資の父と呼ばれるグレアム教授から直接、長期投資の考え方を学び、投資家としての基礎を身につけました。

だからこそ、自分にとって最も運がよかった出来事は、「ハーバードに落ちたこと」と答えたわけです。


バフェットと比べるのは気が引けますが、私も大学受験では失敗しています。第一志望だった東大を受け、落ちました。不合格の通知を受け取ったときは、「人生終わった」とまで思ったものです。

ただ、あのまま東大に行っていたら……と考えると、ゾッとします。メンタリストになることはなく、なんとなく官僚を目指していたことでしょう。自分の性格とは合わない環境で仕事をすることになり、ストレスに苦しんでいたはずです。

失敗をしたときに、運の悪い出来事だと引きずるのか、将来的にはわからないと切り換えて考えられるのか。運のいい人は、切り換えが上手です。

なぜなら、長期的な視点で失敗と向き合い、不安や不運を追い払っているからです。

## 最大の幸運は豊富な時間を持っていること

あなたには3人の自分がいるとイメージしてみましょう。

過去の自分、現在の自分、未来の自分です。

相談者のあなたはいま、プレゼンで失敗した過去の自分にこだわり、現在の自分を不運だと考えています。

つまり、過去の自分が、現在の自分の根拠となっているわけです。ということは、不運だと思い込んでいる現在のあなたを変えれば、未来のあなたも変えることができます。

だからこそ、将来の自分が今の自分を見たとき、「あの日、あの行動を取ったから、今の成功がある」と思えるような行動を心がけましょう。

さっそくですが、5年後、超優秀な企画マンとなった自分を想像してみましょう。社内外から評価されるあなたが、ふと昔を思い返したとき、「あの日の、あの出来事がきっかけだったな」と幸運の始まりにいる自分を思い浮かべてみてください。

そのときに取っている行動が、未来のあなたにとっての根拠となります。第4章の

「レジリエンスを高める」の項を参考に、新たな一歩を踏み出しましょう。

また、あなたはバフェットも持っていない貴重な幸運の種を手にしています。それは時間です。

歴史を振り返っても、王様や大富豪が不老長寿の薬を手に入れようとしたエピソードがあちこちに残っています。一生使いきれないほどの富を手にした幸運な彼らが最後に望むのは、時間だったことを表しています。

どんなにお金を積んでも買うことのできない時間を豊富に持っていること。挑戦できる若さがあること。それはとっても幸運なことです。

その幸運を、過去の失敗にこだわってムダに浪費するのは、今日でやめましょう。未来の自分のために、いまから行動を変えましょう。

# 対人運

## 損な役回りが多い状況を変えられますか？

**Q** 気がつくと、人に合わせて行動してしまう自分に疲れます。職場でも、「イベントの調整役はあなた」というポジションになっています。マイペースで自由にやっている同僚を見ると、体《てい》よく損な役回りを押しつけられている気もします。そんな性格からか、知人は多くても、心を許せる友人はわずか。対人運が低いと感じています。こんな状況を変えたいのですが、いい方法はありますか？

**A 相手を変えることはできません。自分を変えましょう**

共感能力があり、チームワークの輪を乱さない協調性の高い人は、周囲から信頼さ

れます。しかし、その一方で、なかなか本音が出せず、自分の意図とは違う立ち位置で人間関係を築いてしまう傾向もあるようです。

私はこうした悩みを相談されたとき、必ず伝えるのは「相手を変えることはできない」というアドバイスです。

たとえば先日、友人から「近所のママ友に嫌われているみたいで困っている」という悩みを相談されました。私は子供がいませんし、ママ友たちの交友関係の機微もよくわかりません。

それでもはっきり言えるのは、友人が嫌われているかもしれないと感じているママ友の感情をコントロールすることはできないということです。

私の返答は、「自分がどうあるかはコントロールできる。それを相手がどう思うかは関係ないから、悩んでもしょうがない。自分ではどうしようもないことに悩むのではなく、自分でできることに目を向けて行動していったらいい」でした。

友人はしばらく黙り込んでいましたが、「たしかに彼女がどう思っているかにこだわっても意味がないよね」とスッキリした顔に。

その後、共通の趣味を通じて知り合った別のママ友のコミュニティで楽しくやっているそうです。

自分を変えるのは怖いものですが、人間には安定を求める本能があります。

つまり、安定している状態から不安定な場所に飛び込むと、安定を求める本能が働き、新しい環境に適応しようと自分を変化させるのです。

## 幸せな人を真似することから始める

とはいえ、相談者のあなたが職場を移ることは簡単ではないと思います。そこで、取るべき戦略は「マイペースで自由にやっている同僚」を観察することです。

第4章で紹介した「ビッグ・ファイブ理論」で取り上げたように、性格特性の【協調性】は運／不運にほとんど影響を与えません。みんなに歩調を合わせるだけでは、対人運は上がらないということです。

一方、運のいい人は【外向性】【開放性】が高く、【神経症的傾向】が低い（メンタルが強い）傾向があります。マイペースで自由にやっている同僚は、人の目を気にせず行動できていることから、神経症的傾向が低く、開放性が高いタイプでしょう。

周りの目を気にしがちで、定着したポジションから抜け出すのが怖いあなたとは、正反対の性格特性を持っています。

運の研究では、もともとの性格が違っていても、【外向性】【開放性】の高い人の行動を真似して習慣化することで、幸運を引き寄せる効果があることがわかっています。

同僚がどんなふうに振る舞っているかを観察し、真似していきましょう。

それも、いますぐに始めてください。新しいことにチャレンジできない人の特徴は、条件が揃わないと始めないことです。

・道具が全部そろってないから（プロ並みに道具をそろえないと気が済まない。たいてい、そろえるだけで終わる）
・今週は雨が降りそうだから（晴れている日は「今日は暑いから」と言う）
・いまは仕事が忙しいから（だいたい年中忙しい）

覚えておいてほしいことは、条件がそろう＝新しいことが始まる、ではないということです。あなたが動き出す＝新しいことが始まる、なのです。

条件がそろっても、あなたが動き出さなければ始まりません。逆に、あなたが動けば、今すぐに始まります。

第4章の「アズイフの法則で幸運な人になりきる」「運動日記で運がよくなる」の項を参考にしてください。

スピリチュアルっぽい印象を受けるかもしれませんが、「幸せになりたいなら、幸せな人のそばに行きなさい。幸せな人の真似をしなさい」というアドバイスは、心理学的にも的を射ていると言えます。

## 引っ込み思案でアピールが下手なのが悩みです……

**Q** 大学時代、どんなグループに入っても、すぐに周囲に認められる友人がいました。持って生まれた才能なのか、コミュニケーション能力が高いのか。自分は引っ込み思案で、いつもその他大勢の1人になってしまいます。就職のタイミングで地元を離れ、新しい人間関係に飛び込むのが不安ですが、もしかしたら対人運を変えるチャンス、とも思っています。うまく自分のキャラクターを伝える方法はありますか？

**A** **特徴を伝えることに一点集中すると対人運が上がります**

コミュニケーションのコツとは何でしょうか？

私は一点集中することだと思っています。ところが、多くの人は自分をわかってもらいたいという思いから、相手にたくさんのことを伝え過ぎています。

　他人の話を聞くときの集中力には限界があります。1回の会話、自己紹介、プレゼンなどにおいて、複数のことを伝えようとすると、相手の集中力と記憶力が分散し、何が言いたかったのかわからない、記憶に残らないということが起こります。

　その結果、かえって印象が薄くなり、望んでいるような関係性を築くことができず、落ち込むことになるのです。


　大切なのは、あなたの特徴や伝えたい情報などを一点集中すること。なぜなら、人は相手の目立つ1つの特徴に惹きつけられ、全体的な印象を決めてしまう傾向があるからです。これは「ハロー効果」と呼ばれる心理効果です。

　簡単な例で言うと、「メガネをかけている人は知的に見える」というのもハロー効果の1つです。人は、相手の目立った表面上の特徴に引っ張られ、好印象を抱いてしまう傾向があります。

　たとえば、初対面の人から「東京大学出身です」と言われると、その人が学歴だけでなく、仕事の能力や人格的にも優れていると思い込んでしまいます。

あるいは、病院で白衣を着た人から「医師です」と名乗られるだけで、本当に医師かどうかを確かめずに信じてしまいます。

ずば抜けていいところがある人は、何でもできる人のように見えるわけです。目立つ特徴と、全体的な人物評価、パーソナリティの間には本来、何の関連性もないはずなのに、です。

## 「ハロー効果」を活用し自分のキャラを印象づける

心理学者エドワード・ソーンダイクによる実験では、軍隊の上官に部下の評価をさせたところ、その評価は部下の目立った特徴に強い相関関係が見られたそうです。

つまり、上司や親、同僚や友人はあなたの目立った特徴をもとに、評価の大部分を決めていくのです。

そのため、このハロー効果を逆に利用することで、対人運を向上させることができます。

たとえば、英語が得意な人ならば、スムーズな英会話での自己紹介をしてみる。字がきれいな人は、日常的なお礼や挨拶のメールを送るとき、あえて手書きのメモやハガキを使ってみる。

英語が得意な人は仕事もできるという印象を与え、字がきれいな人は頭がいい、礼儀正しいというイメージを与えます。

このように、あなたも自分の特徴、得意な分野を見つけ、それに一点集中した形で周囲にアピールしていきましょう。すると、ハロー効果が働き、上司や同僚、新しく出会う友人たちのあなたへの印象を操作することができます。

特に、得意だと印象づけた分野が仕事に関連していれば、社内で「あいつはこの分野が得意だったな」と認識され、優先的に取り組みやすい仕事が回ってきます。

得意な仕事ですから、うまく対処することができ、あなたの評価は上がり、苦手な業務は回ってこなくもなるでしょう。また、「あいつは仕事ができる」というポジションに立つことで、職場での対人運も自然と高まっていきます。

この考え方は、友人関係や部活、あるいはＰＴＡやご近所づき合いなど、さまざまなシチュエーションで応用可能です。

たとえば、立食パーティやイベントなど、短時間で「初めまして」の出会いが連続する場というのは、どんなに外向的な人でも緊張するものです。

だからといって、引っ込み思案なので交流しないという選択をすると、仕事運で紹介した「弱いつながり」が広がりません。

相手に伝えるのは一点集中でいい、と考えれば気はラクになるはずです。

第5章の「違う選択をゲーム化する」の項などを参考に、あなたが一点集中すべき「自分の目立った特徴」を見出していきましょう。

才能とは、持って生まれたものではなく、自分の個性を上手に活かす能力のことです。場数を踏み、余裕が出始める頃、あなたの対人運は確実に上昇していきます。

## いつも同じ友人と遊んでいると幸運を逃しますか？

**Q 地方の工場でアルバイトをしています。職場のメンバーは入れ替わりが激しくて、親しくなる前にいなくなります。そのぶん、平日の夜も休日も、同級生の地元の友人たちと遊んでいます。居心地はいいですが、毎日が平坦だなと感じること**

**も。このままで大丈夫でしょうか？**

## Ａ つき合う友人からは想像以上に強い影響を受けます

人は無意識のうちに、友人の望む姿に変わっていきます。これは脳が自分を取り巻く人間関係に適応しようとするからです。

つき合う友人があなたに与える影響は、想像以上に大きなものです。自分にとって居心地のいい人間関係を作るため、相手にとって都合のいい人間になっていこうとするからです。

これは、心理学で「感染理論」と呼ばれる心の動きが関係しています。感染理論とは、簡単にまとめると、人は自分に似た人の考え方、生活習慣に影響されやすいというものです。

例えば、親しい友人の食生活が乱れて肥満になった場合、自分が将来、肥満体となる確率は１７１％も高まるという研究データがあります。

つまり、友人が太り始めたら、自分も太ると思ったほうがいいのです。自分が太らないためには、相手も太らせないことです。

さらに、「目標感染」というものもあります。親しい人が新たな目標を掲げて行動し始めると、それに感染したように友人たちも何かに取り組み始めます。

それだけではありません。人は誰と仲よくするかによって、顔つきまで変わってくるという研究もあります。無意識のうちに、いつも見ている顔を真似て、同じ表情筋を使おうとするからです。

そのため、いい友人に恵まれている人は魅力的な表情をしており、目標に向けて行動を続け、ますますいい人が周りに集まるという、すばらしい対人運に恵まれることになります。

## 交友関係の変化があなたの成長の証し

いま、相談者のあなたは、地元の友人たちと毎日のように遊んでいるようです。もちろん、気心が知れていて居心地はいいでしょう。

ただ、「このままで大丈夫なのか?」と感じているということは、どこかで「このままではいけない」とも感じているということです。

もし、自分を変えたい、対人関係に変化をもたらしたいと思っているのなら、別のコミュニティに飛び込むことをおすすめします。

安全圏から脱するという意味では、第3章の「ビッグウィン仮説にまどわされない」の項が参考になるはずです。

それは一時的に友人を選び、切り捨てるような選択になるかもしれません。

しかし、自分を成長させるために取り巻く環境を変えていった結果、あなたがより魅力的になったならば、友人たちにも好影響が及んでいきます。その仕組みは、感染理論で説明したとおりです。

視野が広がり、考え方が深まれば話題も変わり、話が合う相手も変わっていきます。それは自然なことで、私の場合、ごく少数の学生時代からの親友を除けば、交友関係は毎年ゆるやかに変化しています。

これは成長の証し、変化の証しです。

逆に言うと、同じ友人とばかり長期間つき合っている人は、そこで成長が止まっている可能性が高いとも言えます。試行回数が減ると、運はよくなりません。

年代別の交友関係と、本人の幸福度の関係を調べた研究によると、20代は友人の多い人ほど幸福度が高まるという結果が出ています。

ところが、30代、40代では友人の数が多い人よりも、話が合うなど本人の成長と変化に合った少数の友人のいる人の幸福度が高まります。

ここから見えてくるのは、人生の初期においては新たな情報や知識を入れたほうが成長につながりやすくなるため、20代は友人の多いほうが幸せだということ。

そして、30代、40代になると人生の目標が変わり、自分のやりたいことが明確になってくるので、交友関係も変化し、特定の友人とともに過ごす時間が幸福度に深く関係してくるということです。

対人運に恵まれているという感覚を得たいなら、こうしたライフサイクルによる友人の関係性について知っておいて損はありません。

変化が必要だと感じているなら、刺激を与え合える交友関係を求めていきましょう。

# 金運

## お金の使い方次第で金運は上がりますか？

**Q** 同じ1万円でも、パーッと飲み代に消える1万円と、貯金に回す1万円、趣味の道具を買う1万円など、使い道はいろいろあります。使った額としては変わらないのに、得られる満足感には不思議と違いがあります。同じように、もし金運がよくなるお金の使い方があるならば、どんなことを意識したらいいですか？

**A 金運の上がる使い方と下がる使い方があります**

まず、誤解がないように強調しておきたいのが、「金運が上がる」というのは、思いがけない臨時収入が入ってくることではありません。

試行回数を増やし、リスクを取り、チャンスに気づけた人が、継続的に収入の途絶えない道を作り出せた状態。また、その収入がわずかずつでも上昇していることが、金運のいい状態です。

お金には、大きく分けて2つの使い方があります。

1つは、使ってすぐにリターンがあるもの。もう1つは、すぐにリターンを得られなくても、本人の財産となり、将来に収入という形で戻ってくる可能性のある使い方です。

前者のように、その場その場が楽しくなるような使い方が「消費」だとすると、後者のように、将来にお金が返ってくる可能性のある使い方は「投資」と分けることができます。

この違いを知り、財布からお金を出すとき、「これはどっちの使い方かな？」と意識できるかどうか。

これがとても大事なことです。

ちなみに、金運のある人たちは、使ったお金が増えて返ってくる使い方をしています。


たとえば、消費に当てはまるのは次のような使い方です。

・残業を終えた後、深夜のコンビニで気づいたらパーッと買い物をしていた
・飲んで帰った夜、ネットサーフィンをしているうち、ついつい使うかどうかわからない商品をいくつも買ってしまった
・パートナーのつき合いでショッピングモールに出かけたら、たまたまセールをやっていて「いま買わなくちゃ損かも！」と買い物をしてしまった
・ダイエット中なのに、体重が１キロ減った記念に、ご褒美のケーキを買って食べてしまった

・当たったら儲《もう》けものと思い、宝くじを購入。しかも、売り場でテンションが上がって、当初の予算以上の額をつぎ込んでしまった

日常の中にあるこうしたご褒美消費、ご褒美浪費こそ、将来にはつながらないお金の使い方の代表例です。

## 数千円の投資で数千万円のリターンも得られる

一方、お金が返ってくる可能性のある使い方の条件の1つは、使い道があなたの好きなものであるかどうかです。

1万円使うとして、好きなことへの投資であれば、人はより習熟しよう、技術的な高みに向かおうとします。

たとえば、私ならまず間違いなく大型書店に足を運びます。1万円あれば、心理学などの専門書や洋書が4~5冊は購入可能です。

ちなみに、電子書籍で済ませないのは、何を買うかを選びながら書店を歩くことも楽しみだからです。私にとって、その1万円を使う時間はとても価値のあるものにな

ります。

しかも、購入した本をじっくりと読み込んで、頭に入れ、参考になった部分を行動に移すことで、確実に1万円以上の利益が返ってきます。

実際、メンタリストとして活動を始める前に購入した『影響力の武器』（誠信書房）という本から得た知識は、その後の私に大きな仕事をいくつももたらしてくれました。数千円の投資が、数千万円では収まらないリターンとなったのです。

私が「金運」と聞いて真っ先に思い浮かべるのは、こうしたお金の使い方です。

また、お金で時間を買うと幸福度が上がるというデータもあります。

これは実験での検証も行われており、参加者に80ドルを渡し、1週目は40ドルを使って好きな物を買ってもらいます。2週目は残りの40ドルで家事代行サービスを雇ってもらいます。

どちらの週が幸福だと感じたかを聞くと、参加者の多くは2週目と答えました。「時間のプレッシャーから解放された」というのが、最も多かった理由です。

つまり、炊事や洗濯、掃除などの家事代行サービスを利用することで、自分の自由になる時間を増やすことで、第3章で紹介したように「人生のコントローラビリティを高める」ことができると考えるのです。

一般的に、金運と絡めて話題に上る宝くじやギャンブルは、仮にリターンがあったとしても一過性のもの。むしろ、一度の当たりが忘れられず、より多くのお金を失うケースがほとんどです。

かといって、消費をせずにコツコツと節約し、通帳の数字が増えることに喜びを感じるというスタンスもおすすめできません。

ムダを省き、貯金するのは大切な行いですが、本当に重要なのはお金がまとまったところでどうするかです。漠然と貯めておくのは金運を停滞させるだけでしょう。

人との出会いが運を動かすように、お金も自分の好きなこと、得意なこと、心から欲していることには惜しまず使いましょう。

他人から見ると、もったいない消費や浪費に見えたとしても、必ずあなたの中に知識や経験という財産として残り、出て行ったお金は将来、より多くのお金を引き連れて返ってくるはずです。

## 大きなリスクを負うと金運は下がりますか？

**Q** 独立して事業を始めようと思い、コツコツと貯金してきました。ようやく目標額が貯まり、いざ勝負……と思ったものの、せっかく貯めたお金を放出して大きなリスクを取りにいくのが、正解なのかどうか不安になっています。貯金が金運を貯める行いだとしたら、貯金をはたいて起業するのは金運を手放すことになるのでしょうか？

**A 一発勝負に出た人のところから金運は逃げていきます**

金運を上げたいならば、貯金よりも投資に使うことを私はおすすめします。

ただし、貯金に一定の心理的なプラスの効果があるのはたしかです。まとまった額の貯金、金（ゴールド）、不動産などの資産を持つことは、人に自信を与えます。

ミネソタ大学やピッツバーグ大学などの研究では、「お金がない」という感覚は、自制心の低下や悪い習慣、不健康な行動の増加をもたらし、肥満や睡眠不足につながることがわかっています[10][11]。

ただし、資産によって与えられた自信は、本物の自信ではありません。

資産に頼り、「資産があるから自信がある」という状態に陥ると、人はいまあるものを守ろうとし、変化を嫌うようになります。相談者のあなたが貯金を手放すのを不安に思い始めたように、考え方や行動も変わってくるのです。

手に入れた資産を本当の意味で自分のものにするには、自己投資を行うことです。そうやって手に入れた成功や失敗の経験は、仮に資産が目減りし、なくなっていったとしても、誰もあなたから奪うことのできない能力となり、自信の源《みなもと》となります。

とはいえ投資にも、金運が逃げていく無謀な投資があります。

私の見聞きした例を挙げると、都内の一等地にバーをオープンさせた知り合いがいます。彼の手持ちの資金は700万円でしたが、実家の土地を担保に1億円を借り入れ、そのほとんどを内装に使ったそうです。

ゴージャスなバーにはなりました。しかし、投資を回収するに足る売り上げを上げるには、かなり難しいと言えるでしょう。

金運が逃げていくのは、不用意な使い方をしたときです。

それを避けるには、「投資したお金以上の利益を手に入れる」という意識を持つことが欠かせません。

好きなこと、得意なこと、心から欲していることに惜しみなく使いましょうと言っても、１００万円の投資に対して、得られたお金が1万円では失敗のダメージが大きすぎます。

企業の経営も同じです。

投資した研究開発費や設備内装費、宣伝費よりも、回収できた売り上げのほうが少なければ、継続的に経営を続けていくことは困難になります。知り合いのバーは、その典型例と言えるでしょう。

あなたが貯金を手放すことを躊躇《ちゅうちょ》するのも、こうした金運が逃げていく投資の実例を目にしたからかもしれません。

## リスクを取るとは「計算されたリスク」を取ること

金運が逃げていく人は、自ら不運を呼び込む選択をします。

その選択とは、一度でチャレンジを成功させようとすることです。ここまで「運を操るには、試行回数を増やす必要がある」と何度も書いてきました。これは大小さまざまなチャレンジをし続けるという意味です。

ところが、ビジネスや事業に関しては、多くの人が一発屋を目指します。芸能界を眺めながら、「一発屋は……」とそのリスクに気づいているのに、なぜか自分のビジネスでは大きく当たる、当てられると思い込み、勝負に出てしまうのです。

「1億円をかけてゴージャスな内装の店を作ったら、お客さんがめちゃくちゃ入って儲かるはずだ！」と。

資金の余裕もないまま大勝負に出てしまうのは、ビジネスではなく、ギャンブルです。金運をつかむには、試行回数を増やしながら、幸運の訪れを待つ余裕が欠かせません。

あなたが起業するにしても、手持ちの資金をすべて放出するような計画では金運は逃げていきます。
なぜなら、余裕がなくなって目先の現金を追いかけるようになり、チャンスに気づけない状態に陥るからです。

「リスクを取って挑戦せよ」というアドバイスは、正確には「カリキュレイテッド・リスク（計算されたリスク）を取れ」という意味です。

あなたが取ろうとしているリスクがもたらす損失とリターンの最大と最小を予測しておけば、最大限にまずい展開となっても、「これくらいの損失なら許容できる」と決断することができ、リスクを取れるようになります。

第3章の「チャーリー・マンガーの失敗ノート」を役立てましょう。

不運を避けられる計画を立て、チャレンジを続けながら、幸運を待つ。これがビジネスで成功し、金運を上げていく基本原則となります。

お金で成功しようと思ったら、自分なりの価値の物差しを獲得しておかないといけません。

## 株式投資の運／不運を左右するものは何ですか？

**Q** 株式投資をしています。自分の買おうとしていた株Aと株Bがあり、Aを買ったところ株価が下がり、Bの株価はその後、上がっていった。そんなときに、運／不運を強く感じます。投資における金運を左右する要素はなんでしょうか？

**A** **勝ち負けを運のせいにせず、長期的な視点を持つことです**

第3章で、大きな勝ちを経験したギャンブラーは、また勝てるかもしれないと信じるという「ビッグウィン仮説」に触れました。

強烈な成功体験は過去の失敗を上書きし、1つの手法が正しいという思い込みにつながります。

これは、資産を思うように増やすことのできない投資家にも当てはまります。

1つの銘柄に大きく投資をしてお金を大きく増やした体験がある人ほど、損が出たとしても同じ手法を繰り返します。「大成功した快感をもう一度」と夢見てしまうからです。

一方、私の周りには継続的に結果を出し、資産を増やしている投資家が何人もいます。彼らを見ていると、その投資手法は非常に冷静で客観的です。1回の投資で大勝ちを目指すことはなく、一定の期間を決めて銘柄を複数選び出します。

10の銘柄に投資し、4銘柄で負けても6銘柄で勝てばいい。差し引き20%くらいの利益が上がればOKと考えます。

大勝ちにも、損にもこだわらず、定めていた期間になったら手仕舞いして、精算。損を出したときは、株価が下がった理由について分析し、「この程度でよかった」「学びがあった」と気づきを次に生かしていきます。

もちろん、手元の資産のすべてを投じるようなギャンブルには出ないので、損切りをしても継続的に投資を続けることができます。

ところが、多くの個人投資家は損切りができずに悩みます。

株の世界では「塩漬け」と呼ばれますが、100万円で買った株が50万円まで下がりました。ここで売ったら50万円損をするから、いつか上がるのを待って持っておこう、と。

しかし、継続的に結果を出している投資家は、逆の行動に出ます。さっさと損切りして、手元に戻った50万円で次に選んだ銘柄に投資するのです。

損切りができず、執着する人は「自分が選んだ株」と「投資したお金」にこだわり、まだ可能性があると思い込み、手放せなくなっています。

これは経済学で「サンクコスト効果」と呼ばれる心理で、過去に発生した出来事や「もったいない」という心理によって、現在の意思決定に影響が生じることを指します。

長期的な視点を持てず、自分の判断と冷静に向き合えずにいる間に、金運が逃げていくととらえることもできます。

## 「運が悪い」で済ませていると金運が去っていく

ウォーレン・バフェットは、株式投資の師匠にあたるベンジャミン・グレアムから

「1ドル札を50セントで買うように、株を買いなさい」と教わったそうです。

これは、「1ドルの企業価値を持った企業を見つけたうえで、それを50セントの価格のときに買いなさい」という意味です。

株式投資がおもしろいのは、企業のピンチを自分のチャンスに変えられるところです。もし、そんな企業の株を買うことができたら、確実に利益を手に入れることができます。

ただし、そのためには「この企業は1ドルの価値を持っている」ということを、自分で判断できなくてはなりません。

多くの人はその判断ができないために、株価がちょっと上がり始めたら買い、下がり始めたら売るというように、目先のことに右往左往します。

投資における金運を左右するのは、第5章で紹介した「長期的な視点」です。

たとえば、チャンスが訪れたときにすぐ買いに出ることができるよう、手元に一定のキャッシュを準備しておくことです。

石油価格の変動やアメリカの景気動向など、株価と連動しやすい発表に合わせて、

「何かあったら買いたい銘柄」をリストアップしておくのです。

何も準備していないと、チャンスに気づいても指をくわえて素通りしていくのを眺めることになります。

また、損切りすることになったのを運のせいにしていると、自分の投資の結果を放置することになります。

相談者のあなたが言うように、「株Ａと株Ｂがあり、Ａを買ったところ株価が下がり、Ｂの株価はその後、上がっていった」ということはめずらしくありません。だからこそ、その理由を分析することが大切なのです。

「運が悪かった」のひと言で済ませていては、本当に金運から見放されることになります。

# 恋愛運

## 恋のチャンスはどこに転がっていますか？

**Q** 以前の恋人と別れてから、しばらくパートナーのいない状態が続いています。1人も気楽でいいのですが、このままずっと1人かなと思うと不安になるときも……。合コンにも行っていますが、いい出会いにはつながりません。恋のチャンスは、どこに転がっているのでしょう？

**A** **「弱いつながり」の中で自分の強みを発揮しましょう**

仕事運や対人運でも紹介した「弱いつながり」を使うことが、恋愛運の向上にも役立ちます。

新しい恋を見つけたいときも、今いるコミュニティの外、自分とは異なる環境にいる弱いつながりの人たちが、出会いのチャンスを運んできてくれます。

合コンに積極的に参加するのも悪くない選択ですが、実は「合コンで出会い、カップルになった2人が結婚に至る確率は6%」という統計データもあります。できることなら、将来的な展望のある恋のきっかけをつかみたいでしょう。

となると、やはり手堅いのは友人や知人の紹介です。これは合コンで出会った末に友人、知人になった人からの紹介でも大丈夫。まさに、弱いつながりの向こうから未来の恋人がやってくるイメージです。

そのためには、日頃から周囲の人たちに、自分の夢や恋愛観をさりげなく語っておくことが、恋愛運向上の種まきとなります。

「自分はこういう将来を夢見ている」「つき合った人には、こんなサポートをしたい、されたい」「彼氏、彼女とつき合い始めたら、南の島へ旅行に行きたい」など。

あなたの好きなこと、得意なことをアピールし、出会った相手やまだ見ぬ「弱いつながりの向こう側」の気になる人に貢献できることを宣言しましょう。

すると、弱いつながりが広がっていき、「あ、そういえば、あんな人がいたな」と、意外な人からあなたへ素敵な異性を紹介する連絡が届く日がやってきます。

## 出会いにおけるホームとアウェイを意識する

また、出会いにおいても、スポーツにおける「ホーム」と「アウェイ」があることにも注意してください。

あるシチュエーションでは、出会った相手に対してあなたの魅力が伝わりやすくなり、別の状況では反対のことが起こるのです。

たとえば、長く続いて流行っているバーには必ず、バーテンダーのファンになっている常連客がいます。男性・女性関係なく、お酒でリラックスしながらバーテンダーに話を聞いてもらううち、気を許して惚《ほ》れ込んでしまうのです。

そうしたバーテンダーが恋の達人かと言えば、そんなことはありません。営業時間外、太陽の光の下で会ってみると、たいていは普通のオジサンだったりします。

ところが、店の照明の下、バーカウンターの向こう側にいると魅力的に見え、ちょっとしたひと言がすばらしいアドバイスのように聞こえるのです。

酔いによる勘違いかと言うと、そうではありません。

バーテンダーはホームである店にいるとき、本人の強みである「コア・パーソナル・プロジェクト」を発揮し、出会った相手に対して外向的でいられるのです。

コア・パーソナル・プロジェクトとは、ハーバード大学のブライアン・リトル教授が提唱した理論で、「人は特定の性格特性を持って生まれるが、自分にとって重要な事柄に従事するとき、その特性の枠を超えて振る舞うことができる」というものです。

恋愛と性格に関する研究によると、内向的な人と外向的な人では、明らかに後者が恋愛に向いていることがわかっています。

では、内気で人見知りな人は恋ができないのかと言えば、そうではありません。自分のコア・パーソナル・プロジェクトを生かせば、どんなに内向的な人でも、自分を無理に変えることなく、外向的に振る舞える〝場〟を作ることができます。

人と話すことが苦手なタイプでも、映画や美術、電車、サッカーなど、趣味の話になれば多弁になり、多くのことを伝えたいと思うものです。

そして、あなたが強みを発揮している間に興味を持ち、好意を抱いてくれた異性とつき合うことができれば、本来の内向的な性格は邪魔になりません。

なぜなら、つき合ううちに見えてくる性格の凸凹は、魅力の1つだからです。

結婚した2人に出会いの場を聞くと、友人同士の集まりや趣味のサークルといった答えが多いのは、コア・パーソナル・プロジェクトを発揮できるからでしょう。

無理のある婚活を続けるよりも、第4章の「ピグマリオン効果で期待を現実の力に」の項などを参考に、コア・パーソナル・プロジェクトを見出し、自分の強みを発揮できる場でゆるい人間関係を築くほうが、本当にしっくりくる異性との出会いにつながります。

## デートから進展しないのは相性の問題ですか？

**Q** 「弱いつながり」を生かして、友人からの紹介で知り合った人と初めてのデートに行ってみるものの、2回目、3回目と発展していかないのが悩みです。友人からは「厄払いしてきたら？」と言われますが、自分では「相性が悪かっただけかな」と思っています。出会いを次につなげるヒントをいただけますか？

**A 相性の良し悪しよりも「帰属意識」がポイントです**

最新の恋愛心理学の研究によると、恋愛の始まりにお互いの相性のよさは関係ないという説が有力になっています。

たとえば、第4章の「ビッグ・ファイブ理論」で紹介した【協調性】の高い人と低い人が出会ったとしても、最初のデートで性格を見抜くことはできません。つき合っているうちに、一方がわがままなタイプだと判明しても、もう一方が「私が合わせてあげよう」と思うなら、2人の関係は良好に推移していきます。

これは逆もまた真なりで、相性のよさはつき合ってしばらくしたカップルに関係するもので、出会ったばかりの2人には関係のない要素なのです。

では、何が恋を発展させる力になるのでしょうか。

それは「共通点」と「帰属意識」です。

シカゴ大学の心理学研究チームの調査によると、ネット上で出会ったカップルは別れる確率が低く、結婚した後も幸福度が高い傾向にあるというデータがあります。

これはなかなか大規模な調査で、2005年から7年間、2万人を対象に行われ、ネット上のマッチングサイトなどでパートナーと出会った人のほうが、そうでない人よりも結婚後の幸福度が高いこと、バーやクラブでの出会い、友人の紹介による出会いよりも、別れる確率が25%も低いことが判明しました。

なぜ、リアルな出会いよりもネット上での出会いのほうが進展しやすく、かつ幸福度が高いのでしょうか。

その理由を、研究チームは2つの仮説で説明しています。

1つは、ネット上でパートナーを探す人は真剣度が高いという説。もう1つは、マッチングサイトのマッチング機能が非常に優れているという説です。

特に、後者の理由は心理学的にもうなずけるもので、マッチングサイトでは最初から趣味、趣向、出身、住んでいる場所、家族構成など、お互いの共通点によって相手を検索して絞り込むことができます。

人はニッチな共通点があればあるほど、帰属意識が働き、親密度が増していきます。従来は出会ってから話をして、共通点を見つけ合っていたものが、ネットではこのステップを飛ばして、最初から共通点のある人同士が出会えるのです。

そのため、マッチングサイトを出会いの選択肢の1つに加えるのもいいでしょう。

## シカゴ大学の調査でわかった理想の出会い

ちなみに、友人の紹介で初めて会った相手とのデートで心がける点も同じです。好かれたいと思う気持ちや相性の良し悪しを気にする前に、共通点を探して、お互いの帰属意識を高めることに注力しましょう。

難しいことはありません。

それなりに会話を交わしたところで、「共通点があったらうれしいなと思って、◯◯さんはどんなことに興味があるんですか？　すごく知りたいです」と聞いてしまいましょう。

旅行、グルメ、スポーツなど、同じような趣味があるとわかったら、それをフックに、「◯◯がおいしいお店があるので、ご一緒にどうですか？」「◯◯の試合のチケットがツテで手に入るんですが、いかがですか？」と再会の約束を取りつけるのです。

仕上げとして、相手から離れた後に、「相手のファッション」「相手の語った内容の重要ポイント」「相手が好きだと言ったこと」などをメモします。

これは次に会ったとき、「この間、好きだと聞いた気がするので、(スイーツを)買ってきました」や「今日のブルーのシャツも素敵ですけど、パーティのときの白いシャツも爽やかで印象的でした」と会話の枕に使うためです。

相手は、自分が覚えていなかったことをあなたから指摘されて思い出すことで、ぐっと心を動かされます。

これはメンタリストがよく使う「ホット・リーディング」と呼ばれるテクニックで

す。恋愛運を高め、いわゆる〝運命の人との出会い〟を作る演出になります。

第4章の「ビッグ・ファイブ理論を戦略的に活用する」の項を踏まえ、自分の性格特性を生かしながら、試行回数を増やしていきましょう。

## 美人やお金持ちと結婚したいのですが……

**Q** 長いつき合いの異性の友人と、「どうせ結婚するなら美人がいい」「玉の輿《こし》を狙いたい」とよく話しています。お互いに恋人がいないからこその愚痴のようであって、実は本音でもあります。とはいえ、いたって普通な2人です。恋愛運を味方につけて、美人やお金持ちと結婚する方法はありますか？

**A** **通常の「いい恋愛」とは逆の考え方が効果的です**

美人と結婚すること、玉の輿に乗ることが幸せにつながるとは言えませんが、結婚する可能性を高める方法ならば紹介できます。

まずは、試行回数を増やすことです。

そのためには田舎よりも都市部です。人口が多く美人も増えますし、平均年収の統計などからも、お金持ちが多いことは明らか。そして、都市部でも美人の多いエリア、お金持ちの多く出没するエリアがあります。

運命を待つのではなく、積極的にそういった地域に繰り出しましょう。

たとえば、外資系商社などの近くにあるゴルフスクールに入会すれば、高年収の商社マンと出会う確率が上がります。

また、モデル事務所などが集中するエリアのスポーツジムやヨガスタジオにも同じことが言えるでしょう。

出会いの可能性を高めたら、あとはいかに自分の魅力を伝えられるかにかかってきます。

恋愛心理学の知見を借りるとすれば、美人やお金持ちを口説き落としたいなら、「これはゲームだ」と思い込むことです。なぜなら、通常の〝いい恋愛〟とは逆の方法が効果的だからです。

通常、結婚相手を探す場合、多くの人は自分とバランスの取れる相手を見つけようとします。

合コンで言えば、「一番きれいなのはAちゃんだけど、人気が集中するし、自分のほうには向いてくれないかもしれない。だったら、そこそこかわいいBちゃんにアプローチしてみよう」など、いざとなると自信がなくなり、日和《ひよ》ってしまうのが一般的です。

しかし、今回の質問のように、そもそもの狙い目が「そこそこかわいい」や「悪くない年収」ではない場合、口説き方もいつもどおりというわけにはいきません。

その緊張感を乗り越えるには、第5章の「違う選択をゲーム化する」のようにゲームと思い込むのが一番です。

## ルックスや年収のいい人をオトすテクニック

具体的な口説きテクニックとしては、相手の内面的な魅力、持っているスキル、仕事の能力を褒《ほ》めることです。

美人は美的レベルが高いので、「美人ですね」という褒め言葉は聞き慣れています。それどころか、自分よりもさらに美しい人の名を挙げて、「私よりきれいな人はたくさんいますから」と謙遜します。

これはお金持ちも同じで、彼らは嫌味ではなく、本気でそう思い、さらなる美しさ、さらなる有能さを求めて自分を磨いているのです。

だからこそ、攻めるべきは性格や能力です。見た目はスルーでかまいません。そして、相手の内面に気づくためには、相手の話にしっかりと耳を傾けることです。メンタリズムのテクニックで言えば、「リーディング」が重要になります。

どんな趣味を持っているのか、会社での仕事ぶりはどうなのか、いま興味を持っていること、悩んでいることは何か。

会話の中から相手の興味・関心につながるキーワードに気づき、内面に関する話題を引き出します。

そのうえで、「そんな経験をしたあなた、そんな苦労をしているあなただからこそ、そんなにすばらしい内面的な魅力があるんですね」という流れに持っていきましょう。

あなたに美人やお金持ちとの出会いというチャンスが訪れたとき、「美人ほど、お金持ちほど、性格を褒めてほしい」ということを思い出してください。

間違っても、見た目の美しさに見とれて「きれいですね……」と言ったきり黙ってしまう、年収を聞き出して「すごいですね……」と言って引かれてしまうような失態を犯さぬように。

ゲームのプレイヤーになりきって、結婚へと向かう最初のステップをクリアしましょう。

# おわりに

## 「運を操る力」は一生モノの武器になる

私の考える「運」とはスキル、知識のようなものです。

お金のように使って減るものではなく、偶然によってもたらされる幸運でもなく、意識的に運のいい結果を得られるようにトレーニングすることが大事で、そうすることで「運を操る力」が身につくと考えています。

そして一度、その力を身につけてしまえば、使えば使うほどに磨き上げられ、新しい組み合わせが見つかり、価値が高まっていく。これが「運」だと思います。

何の道具も使わずにフォークを曲げ、相手の選んだカードを当てる。

私に対して、メンタリストとしてのパフォーマンスのイメージをお持ちのかたは多いと思います。最近は、以前ほど人前で披露することはありませんが、リクエストされれば、パフォーマンスが中心だった時代と遜色《そんしょく》ない技をお見せできます。

パフォーマンスに限らず、体で覚えるまでやり込むということは、多くのメリットをもたらします。その中で最も重要なのが、「応用性の獲得」です。

知識は練習すれば技術になり、身につけば感覚になります。そして、感覚となってはじめて、応用性を獲得できます。

一度、自転車に乗れるようになれば、音楽を聴きながら景色を楽しんでいてもスムーズに操れるのも、運転感覚が備わり、応用性が獲得できているからです。

あなたが身につけた感覚は、常にあなたとともにあるのです。

ここに、運のいい人と、運の悪い人の差があります。

たとえ、あれこれと知識があっても、実際にそれを使わず、感覚にまで高めていない人は、運を操るまでには至りません。過去の経験を、本当の意味で生かしきれないからです。

しかし、本書で紹介した「不安に強くなり、試行回数を増やし、気づく力を鍛える」という3つのサイクルを感覚にまで高めた人は、あらゆる局面で運を味方につけることができます。

何をしてもうまくいく人の秘密は、ここにあるわけです。


1つ1つの知識を技術として修得するだけではなく、自分の感覚まで昇華させていく——。それには一定の努力が必要になりますが、感覚として身につけてしまえば、一生モノの武器になります。

あなたもぜひ、本書で紹介したトレーニングを知識から技術、感覚になるまで続けてください。

そして、誰かがあなたを幸せにしてくれるのを待つのは、もうやめましょう。

自分の人生で何が欲しいのか、何が幸せなのかを考えず、他人から与えられるのを待つ人生は、ギャンブルと変わりません。欲しいものがあるなら、求める生活があるなら、自分で努力して確実に手に入れましょう。

一度しかない人生をギャンブルにしないために。

2018年3月　著者記す

# 参考文献


1 Nigel Harvey(2014)Carry on winning:The gamblers'fallacy creates hot hand effects in online gambling

2 John Maltby(2008)Beliefs around luck:Confirming the empirical conceptualization of beliefs around luck and the development of the Darke and Freedman beliefs around luck scale

3 Amanda N.Stephens(2012)Drivers Display Anger-Congruent Attention to Potential Traffic Hazards

4 Jing Chai(2016)Negativity Bias in Dangerous Drivers

5 Thomas Mussweiler(2010)Keep Your Fingers Crossed! How Superstition Improves Performance

6 Kevin C.Young.(2017)The cascade of positive events:Does exercise on a given day increase the frequency of additional positive events?

7 Breanne M.Wise-Swanson(2014)Failure to see money on a tree:inattentional blindness for objects that guided behavior

8 Maxwell,D.,Woods(2012).Designing a Semantic Sketchbook to Create Opportunities for Serendipity

9 Stephann Makri(2014)“Making my own luck”:Serendipity strategies and how to support them in digital information environments

10 Melissa C.Nelson(2008)Credit Card Debt, Stress and Key Health Risk Behaviors among College Students

11 Martica Hall(2008)Financial strain is a significant correlate of sleep continuity disturbances in late-life

メンタリストDaiGo（だいご）
慶應義塾大学理工学部物理情報工学科卒業。人の心を作ることに興味を持ち、人工知能記憶材料系マテリアルサイエンスを研究。英国発祥のメンタリズム（人の心を読み、操る技術）を日本のメディアで初めて紹介し、日本唯一のメンタリストとして多くのテレビ番組に出演。その後、活動の枠を広げて、企業のビジネスアドバイザーやプロダクト開発、作家、大学教授として活動中。趣味は1日10～20冊程度の読書、猫と遊ぶこと、ニコニコ動画、ジム通い。ビジネスや話術、恋愛や子育てまで、幅広いジャンルにおいて、人間心理をテーマに執筆した著作は累計200万部を突破。『自分を操る超集中力』（かんき出版）、『ポジティブ・チェンジ』（日本文芸社）などヒット作多数。

オフィシャルサイト　http://daigo.jp/
ツイッター　https://twitter.com/mentalist_daigo
ニコニコチャンネル　http://ch.nicovideo.jp/mentalist

# 運は操れる

平成30年3月10日　第1刷発行

著　者　メンタリストDaiGo
発行者　室橋一彦
発行所　株式会社マキノ出版
〒113-8560 東京都文京区湯島2-31-8
電話 03-3815-2981
ホームページ http://www.makino-g.jp/

印刷・製本　奥村印刷株式会社


ISBN 978-4-8376-7267-8